Un bébé à la crèche

Pédagogies et neurosciences

Un bébé à la crèche

Pédagogies et neurosciences

Laurence Rameau

Philippe Duval

40, avenue Saint-Jacques – 91600 Savigny-sur-Orge

ISBN : 979-10-90398-41-2

Introduction

La crèche reste le mode d'accueil que la majorité des parents plébiscite pour leur enfant. Pourtant ils la connaissent peu. Leur choix repose surtout sur une représentation hautement positive de l'institution, et un déficit de places qui présente l'avantage de lui donner sa valeur. Outre les meilleures conditions d'accueil qu'ils souhaitent pour leur bébé, les parents attendent surtout que la crèche lui offre l'occasion de rencontrer ses pairs dans une collectivité enfantine, ce qui aujourd'hui est jugé favorable à ses apprentissages. Mais que se passe-t-il vraiment pour le bébé qui va à la crèche ? Il y vit des aventures très intéressantes, et aussi des moments plus difficiles. De fait, il convient sans doute ni d'idéaliser la crèche comme étant le lieu le mieux adapté pour les petits, ni de réduire ses bienfaits à la seule mission de « socialisation précoce » comme cela est souvent évoqué par les parents, avec également l'idée d'une meilleure préparation à l'univers scolaire. La crèche est une microsociété dans laquelle des individus interagissent selon leur place et leur statut. Elle n'est pas uniquement le lieu où sont accueillis et vivent de jeunes enfants, pas seulement non plus celui des petits et des professionnels, mais elle est un lieu qui doit réfléchir à la place de chacun, y compris celle des parents qui, lorsqu'il s'agit de bébés, ne peuvent pas être perçus ni se positionner comme des « usagers ». Car ce n'est pas non plus ainsi que les bébés vivent leur temps de crèche.

Deux éléments récents concourent à donner à cette institution une place particulière.

D'une part, la preuve donnée par les neurosciences que ce qui se passe dans la petite enfance est primordial pour le reste de la vie. Cette question est aujourd'hui plus largement étudiée et valide ce que de nombreux praticiens ont pressenti depuis longtemps.

Et d'autre part, le fait que la mission des crèches s'oriente de plus en plus vers l'éducation des petits. Ce qui ne veut pas dire que la crèche ait à se rapprocher de la scolarisation, en tout cas pour ses propositions pédagogiques. Bien au contraire. L'éducation ne se réduit pas à ce qui dépend de l'Éducation nationale et, malgré ce nom d'Éducation nationale, les institutions scolaires françaises sont, depuis très longtemps, positionnées dans ce clivage d'une école qui instruit (transmission des savoirs) plus qu'elle n'éduque (connaissances fondées sur l'activité de l'enfant, ses expériences et son expression) et ne connait donc que des élèves et non pas des enfants. D'ailleurs tout ce qui se passe à l'école mais ne relève pas de l'Éducation nationale est dit « péri-scolaire » et est souvent dévalorisé. Ce qui n'est pas le cas pour la crèche, où il s'agit d'enfants et plus particulièrement de bébés à accueillir et où la valorisation collective est importante.

Alors la crèche, bien qu'elle appartienne toujours au domaine de la santé en restant inscrite dans le code de la Santé publique, voit pourtant, à l'aube de ce 21e siècle, sa mission éducative prendre le pas sur sa mission sanitaire. Ce qui est logique, dans la mesure où nos bébés sont, bien heureusement, maintenant à l'abri du péril infectieux mortel auquel ils étaient exposés aux siècles passés. Aujourd'hui donc, un bébé qui va à la crèche est un bébé qui peut avoir la chance de rencontrer un environnement sensoriel, moteur, cognitif, affectif et relationnel à la fois riche et sécurisant, ce qui est favorable à ses apprentissages et à son développement. Car ce qui caractérise tout bébé, ce sont d'une part cette notion d'être humain en développement, et d'autre part ses capacités innées et son appétence cognitive. Mais ces dernières ne s'expriment et ne se mettent en place de manière heureuse que si l'environnement le permet et les y pousse. D'où la très grande responsabilité de tous les professionnels d'accueil de la petite enfance, et plus spécifiquement les professionnels des crèches.

Le développement de l'enfant ne s'entend plus aujourd'hui comme avant. L'enfant n'est plus considéré comme un adulte inachevé ou en devenir, mais comme un être humain ayant des compétences spécifiques, pleines et entières, à chaque étape de son développement. Ainsi le bébé n'est plus vu comme un être à qui il manque quelque chose, mais au contraire comme quelqu'un qui a de nombreuses possibilités, capacités et connaissances complexes, liées à sa plasticité cérébrale, mais dont il va devoir faire le tri, et qui possède des caractéristiques spécifiquement liées à sa condition humaine. De plus, le développement du bébé n'est pas linéaire et repose sur des interactions complexes entre ses facteurs physiologiques propres et son environnement, interactions auxquelles le bébé participe pleinement, comme acteur principal. C'est l'ensemble des changements, à la fois quantitatifs et qualitatifs, qui constituent le développement du bébé tant sur le plan somatique, psychologique, qu'intellectuel. Le bébé a changé. Il n'est plus celui d'hier parce que la société dans laquelle il naît et vit a également changé, tant par les conditions de vie que par le regard social porté sur lui. Les professionnels des crèches, dans leur travail d'accueil et d'éducation des jeunes enfants, prennent en considération ce bébé tel qu'il est aujourd'hui, et acquièrent les connaissances sur son développement, afin d'apporter des réponses pédagogiques adaptées, lui permettant de vivre dans le monde de demain. Car un bébé ne se développe pas seul, même dans une société de plus en plus individualiste.

Encore une fois la responsabilité des professionnels des crèches est importante. Aucun d'entre eux ne doit ignorer les capacités des bébés, leur manière d'apprendre le monde physique et mental, et l'indispensable richesse de leur « niche sensorielle », comme base de tous leurs développements. Pas plus qu'ils ne doivent utiliser des méthodes pédagogiques inadaptées, souvent issues de leur propre vécu scolaire, ou des pratiques habituelles devenues de véritables dogmes n'ayant plus aucun fondement, ou encore moins des recettes à la mode qui, soi-disant, fonctionnent, mais sur quelle base, pour qui et pourquoi ? L'objectif de ce livre est au contraire de mettre en accord les pratiques pédagogiques avec les théories scientifiques actuelles. Dans ce livre, Léo est un bébé qui va à la crèche. Il a le même parcours que de nombreux autres bébés qui ont cette chance. Il fait son entrée, son « adaptation », arrive et repart chaque jour, il joue, mange, dort, pleure, rit, connaît des aventures ludiques, éprouve des émotions, veut des câlins, lit des livres, etc. Dans chacune des situations vécues par Léo, se trouvent des professionnels dont le travail est de choisir l'organisation et les actions pédagogiques à mener pour lui. Comment font-ils leurs choix ? Sur quelles théories s'appuient-ils ? Ont-ils raison ? Parfois, faire autrement conviendrait-il mieux ? Pourquoi et comment ? Le quotidien de Léo est l'occasion de sortir du cadre des pratiques traditionnelles en lui faisant profiter de toutes les avancées scientifiques qui révolutionnent notre compréhension du bébé d'aujourd'hui.

Qui es-tu, Léo ?

Léo va faire son entrée à la crèche. Ses parents sont ravis d'avoir obtenu une place pour lui. Avoir une place à la crèche c'est un peu avoir une place dans la société. C'est une chance car ils savent que bien peu de bébés sont admis à la crèche. Aujourd'hui ils ont rendez-vous avec la directrice de l'établissement. Elle les reçoit très gentiment dans son bureau, les fait asseoir dans des fauteuils confortables et, tout en regardant et parlant aussi à Léo bien calé dans les bras de son papa, elle sort un dossier d'admission. C'est un épais dossier dans lequel elle cherche à consigner tous les renseignements sur la brève vie de Léo. Sa naissance, son poids, sa taille à la naissance et actuellement, ses habitudes alimentaires, ses allergies éventuelles, ses maladies, son rythme de sommeil et ses rites d'endormissement, la composition de sa famille, ses horaires de crèche prévus, les coordonnées de son médecin, le numéro de la Caisse d'allocations familiales, celui de la Sécurité sociale, les numéros de téléphone de ses parents (portables, fixes, travail), leur adresse, leur adresse e-mail, une autorisation pour son transport éventuel à l'hôpital, une autre pour les personnes qui peuvent venir le chercher, une troisième pour être photographié, une dernière pour sortir en promenade. N'a-t-on rien oublié ? Ah si ! Les consignes données aux parents : les horaires de la crèche, son organisation, penser à amener des vêtements de rechange, son lait habituel au moins au début, son biberon s'il n'a pas la même forme que celui de la crèche, ne pas oublier sa sucette et son doudou, surtout son doudou car c'est lui qui l'aidera à supporter la séparation, car vous savez, accepter la séparation est un « travail » difficile pour l'enfant. Mais il ne faut pas s'inquiéter : tout ira bien.

« Puis-je vous faire visiter la crèche ? Vous pouvez laisser vos affaires dans le bureau, mais il vous faut enfiler des sur-chaussures pour des raisons d'hygiène. » Ah oui, l'hygiène c'est important à la crèche ! Heureusement un transat attend Léo à l'entrée pour libérer les bras de ses parents et leur permettre d'enfiler ces drôles de chaussures qu'ils n'avaient même pas vues à la maternité. Peut-être y a-t-il bien plus de microbes à la crèche ? La visite peut commencer. Léo découvre avec ses parents son futur lieu de résidence, guidés par la directrice.

Mais les parents de Léo sont un peu assommés : il n'a pas de doudou, que va-t-on lui donner comme doudou ? C'est cela qu'ils retiennent de cette avalanche de questions et de renseignements reçus et donnés. Obéissants, ils suivent la directrice, se laissent guider, s'abandonnent à cette prise en charge. Ils ont déjà tout oublié de ce qui leur a été dit. Ils se persuadent que tout va bien car Léo a une place à la crèche et qu'ils verront bien au fur et à mesure. La directrice est aussi très contente : Léo est un nouvel enfant. Il va faire partie de l'effectif des enfants de la crèche, il va entrer dans le « ratio » et permettre d'atteindre le taux de fréquentation exigé par ses employeurs, gestionnaires de la crèche[1], et la Caisse d'allocations familiales. La crèche se doit aussi d'être rentable, donc elle fait son travail.

Mais connaît-elle Léo ? Non, bien entendu. Elle pense avoir pris tous les renseignements nécessaires qu'elle transmettra à son équipe pour que cette dernière puisse accueillir au mieux Léo. Il est le dixième bébé de cette « section » de petits. Comme le dit Saint-Exupéry dans *Le Petit Prince* : « *Les grandes personnes aiment les chiffres. Quand vous leur parlez d'un nouvel ami, elles ne vous questionnent jamais sur l'essentiel. Elles ne vous disent jamais : "Quel est le son de sa voix ? Quels sont les jeux qu'il préfère ? Est-ce*

1. Cela peut être une collectivité locale (mairie, communauté de communes, communauté d'agglomération) un hôpital, une association, une mutuelle, une entreprise.

qu'il collectionne les papillons ?" Elles vous demandent : "Quel âge a-t-il ? Combien a-t-il de frères ? Combien pèse-t-il ? Combien gagne son père ?" Alors seulement elles croient le connaître[2]. » Les professionnels ne connaissent ni Léo ni ses parents. Ils l'accueillent de façon organisée, stéréotypée, presque mécanique. Il n'y a pas de prise en considération des désirs, des contraintes ou des souhaits des familles. Aucune écoute réelle, pas de vraie rencontre. Tout le contraire d'un accueil personnalisé. Le dossier est le même pour chaque enfant, pour chaque famille. Le discours est rodé, la crèche est présentée, le questionnaire est affiné, les prescriptions sont faites pour que l'arrivée de Léo se passe en douceur. Mais qui es-tu vraiment Léo ? Non seulement l'équipe l'ignore car il lui faudra du temps pour faire connaissance avec l'enfant, mais en plus elle vient de déposséder les parents de ce savoir qu'ils ont sur leur enfant et qu'ils auraient pu lui faire partager. En effet, pour eux, si les questions des professionnels portent sur la manière dont mange Léo, la manière dont il dort, son poids, ses problèmes, etc., c'est bien que ces professionnels savent ce qui est important, ils sont les spécialistes et eux, parents profanes, sans expérience, n'ont plus qu'à se laisser mener par la main. Serait-ce confortable pour eux ? Ils ne se posent pas la question. Une place à la crèche est un vrai plus car Léo sera avec des professionnels diplômés. C'est donc bien qu'ils savent ce qu'ils font. D'ailleurs, ils disent qu'il faut avoir confiance en eux et que tout se passera bien. Mais ces mêmes professionnels ont-ils confiance dans les parents ? La confiance n'est-elle pas une relation qui nécessite la réciprocité ?

Peut-être, mais alors qu'en est-il de cette idée de partenariat éducatif entre les parents et les professionnels que beaucoup d'équipes inscrivent dans leur projet pédagogique ? Quelle est la place réelle des parents dans la crèche ? Doivent-ils se laisser guider

2. Antoine de Saint-Exupéry, *Le Petit Prince*, New York, Reynal & Hitchcock, 1943, chap. 4.

et respecter ce que les professionnels de la crèche demandent ou prescrivent au point de finir par l'intégrer comme la norme et de ne même plus se rendre compte qu'il s'agit d'injonctions ? Plus tard ce sera : « il est fatigué, il a besoin de vacances, ses journées sont trop longues, il faudrait que quelqu'un vienne le chercher plus tôt, c'est trop tôt ou trop tard pour le pot, il faut commencer l'alimentation à la cuillère, il faut aller consulter le médecin, dites-lui au revoir avant de partir, etc. ». Nombre de sentences que les parents accepteront car ils ont déjà rendu les armes, et ce dès le jour de l'arrivée de leur enfant à la crèche, trop contents d'avoir cette place tant attendue. Puis les choses se banalisent. Avec le temps, les professionnels, Léo et ses parents s'apprivoisent mutuellement et se familiarisent, des liens se nouent. Basés sur l'affection et le respect mutuel de la place de chacun. Mais il semble clair depuis cette première rencontre que c'est l'institution crèche qui dicte la marche à suivre, comme le fera l'institution scolaire plus tard en prenant beaucoup moins de gants.

Nous faisons fausse route. Il s'agit non pas de connaître les besoins spécifiques de Léo et les pratiques de puériculture qui lui sont le mieux adaptées, mais bien de créer des liens avec lui et ses parents en laissant à ces derniers la possibilité de nous présenter leur fils comme ils le sentent, le pressentent, le voient ou veulent le voir. Ainsi, ne peut-on pas simplement demander à ces parents ce qu'ils ont réellement envie de nous exposer sur leur enfant ? Ne peut-on pas les laisser nous montrer leur fils avec leurs yeux, avec leurs dires ? Offrons-leur un espace où raconter et se raconter sans que l'histoire soit écrite par avance. Un espace où ils peuvent transmettre à l'équipe leurs sujets de joie et de préoccupation. Un espace de détente où chaque personne puisse se trouver à égalité, dans les fauteuils d'un lieu réservé, autour d'un café, espace de détente et de rencontre pour chacun. « Léo ne peut s'endormir sans sa sucette ! » Pensons-nous réellement qu'une telle information puisse être oubliée par des parents ? Ou bien s'ils l'oublient, c'est peut-être qu'ils n'en veulent pas de cette sucette... Et si ces parents insistent tant sur la manière de nourrir leur enfant, n'est-ce pas là une information sur l'importance de la nourriture dans cette famille ? Plus qu'un « mode d'emploi » du bébé, c'est un apprentissage commun des uns et des autres qu'il nous faut développer. De cette façon, en leur laissant « réellement la place », celle de ceux qui savent, qui connaissent leur enfant et ont envie de partager certaines informations, les parents nous orientent bien mieux dans nos futures actions professionnelles pour l'accueil de Léo. En procédant ainsi, nous leur indiquons qu'ils ont une place physique dans la crèche, un lieu à eux, dans lequel ils pourront rencontrer d'autres parents et des professionnels, et surtout nous leur laissons toute la place qu'ils voudront bien prendre dans l'éducation de leur enfant aussi à la crèche. Car en faisant cela nous leur signifions que nous travaillerons avec ce qu'ils nous donnent comme chemin à suivre. Nous ne sommes plus les professionnels guides ou conseilleurs, nous empruntons leurs pas. Ils sont les parents, ceux qui connaissent leur enfant et font le choix de partager avec nous son éducation.

Ne les précédons pas, n'allons pas trop vite, apprenons à connaître cette famille. Laissons-la construire son histoire, avec ou sans doudou.

Dans les écoles, certaines expériences pédagogiques actuelles montrent l'intérêt éducatif de la présence des parents pour les apprentissages de l'enfant : il s'agit notamment d'inviter les parents à partager des temps de travail à l'école avec leur enfant et l'enseignant pour former des trios plus efficaces[3] car mieux coordonnés et se connaissant, se comprenant mieux. Ou, de manière

3. École Jacques-Prévert d'Yseure dans l'Allier, citée par Sylvain Marcelli dans l'article : « Huit idées pour réinventer l'école » *in Sciences Humaines* N° 263, octobre 2014, p. 52.

plus ambitieuse encore, de créer des cités de l'éducation dans lesquelles parents, enfants et professeurs marchent dans la même direction[4]. Si à la crèche la présence parentale est trop codifiée et se résume à donner des renseignements ou à recevoir des informations, alors nous perdons l'essence même du travail pédagogique auprès d'un tout-petit, qui est de construire une relation bienveillante et de confiance. Les professionnels doivent avoir confiance dans les capacités éducatives parentales et dans celles des enfants à bien se développer. Ils doivent aussi avoir confiance en eux-mêmes et connaître leurs limites pour bien accueillir cette nouvelle famille et participer au mieux à l'éducation de cet enfant. C'est ce climat-là qu'il faut savoir instaurer, pas celui des conseils, des règlements à suivre et de la réassurance permanente. Une pédagogie humaniste, basée sur la confiance et l'empathie – quelle chance de rencontrer cette famille, qu'ont-ils envie de me dire sur leur enfant ? Quel projet ont-ils pour lui ? Je vais le découvrir petit à petit et apprendre à le connaître – et non sur la méfiance, voire la défiance – va-t-il bien s'adapter ? Aurons-nous des difficultés avec lui ? Ses parents semblent déjà bien angoissés ou exigeants. Cette pédagogie qui s'inspire du courant de Carl Rogers[5] est basée sur l'écoute attentive, l'empathie, l'authenticité et la considération positive des personnes. C'est une pédagogie gagnante dans le milieu de l'accueil des jeunes enfants et l'on peut regretter qu'elle ne soit pas suffisamment utilisée.

4. Voir à ce sujet tous les travaux de Jean-Pierre Pourtois et de l'Association internationale de formation et de recherche en éducation familiale (l'AIFREF).

5. Carl Rogers, *Liberté pour apprendre*, Paris, Dunod, 1972.

Léo fait sa rentrée

Ça y est ! C'est le grand jour ! Aujourd'hui Léo débute son « adaptation » à la crèche. Son papa pousse la poussette en jetant un coup d'œil sur un papier pour se remémorer le code d'accès pour entrer. La crèche n'est pas un lieu public, le digicode permet de protéger les enfants des éventuels intrus. Le papa de Léo discute avec celui d'Arthur. Premières relations entre parents. Le sujet de conversation est tout trouvé : où mettre la poussette ? À 9 h 30 il n'y a déjà plus beaucoup de place. Il faut plier les poussettes et les accrocher au clou. Heureusement le papa de Léo n'est pas pressé : il a pris sa semaine pour faire « l'adaptation » de son fils à la crèche. Il y a encore quelque temps, il ne connaissait même pas ce terme. Les professionnels et la directrice de la crèche ont pris beaucoup de temps pour lui expliquer le caractère indispensable de la procédure, pour le bien-être de Léo. Donc l'adaptation doit durer une semaine complète et, la deuxième semaine, Léo devra faire de petites journées : de 9 h 00 à 16 h 00, lui a-t-on dit. Aujourd'hui Léo doit rester une heure ou deux avec son papa qui d'ailleurs se demande bien ce qu'il va faire pendant ce temps. Mais bon, puisque cela doit contribuer au bon développement de Léo, Papa est prêt à suivre les meilleurs conseils.

L'éducatrice de la crèche l'accompagne jusque dans la salle des plus petits où l'attend l'auxiliaire de puériculture chargée de faire « l'adaptation » de son fils. Cette dernière l'accueille chaleureusement et lui propose d'enlever le manteau de Léo et d'installer ce dernier sur le tapis au sol avec elle. Papa s'assoit également sur le sol et l'auxiliaire de puériculture entame la conversation au sujet de Léo. Le papa de Léo, quelque peu angoissé, essaie de répondre aux questions et surtout d'éviter que son fils ne pleure : il ne faut pas donner une mauvaise impression dès le premier jour ! Au bout d'un moment la conversation s'épuise et la professionnelle est vite accaparée par d'autres enfants. Léo joue et semble être à l'aise. Papa a bien envie de le laisser un peu. Mais ce n'est pas prévu ainsi : ce serait, lui dit-on, trop rapide pour Léo. Il faut y aller progressivement ! Pourtant il pense que lorsqu'il a laissé Léo à ses parents la semaine dernière, cela n'avait pas posé de problèmes. Mais bon ! Ici, on doit savoir ce qui est bien pour son fils et la crèche, ce n'est pas pareil ! Demain il le laissera un peu, mais il lui faudra revenir à la crèche pour le premier repas de Léo. Après-demain il reviendra le chercher après le repas, puis le jour suivant après la sieste de l'après-midi et enfin le jour d'après, après le goûter. La semaine sera ainsi terminée et Léo aura fini son adaptation. Le programme semble bien rodé, l'équipe paraît savoir de quoi elle parle ! Pas vraiment le choix !

Pourtant en devenant un protocole bien cadré par les professionnels, imposé aux parents et incontournable sous peine de « mise en danger de l'enfant », la « période d'adaptation » ne peut non seulement pas réellement atteindre son but, mais aussi ne correspond en rien aux savoirs actuels sur le développement du bébé et particulièrement sur sa manière d'apprendre le monde. En effet, d'un côté l'apprivoisement réciproque est ce qui nous rend capables de lier des relations sociales les uns avec autres, les professionnels avec les enfants et les parents, et réciproquement. Le bébé a d'ailleurs le goût inné des relations sociales et de l'empathie. Comment peut-on envisager de le faire sous la contrainte et dans une norme et un cadre référencés, dans la mesure où les capacités de chaque personne à mettre en place un processus relationnel sont différentes et variables justement en fonction de celles des autres ? D'autre part, notre bébé raisonne de manière statistique et logique et non de façon progressive. C'est un calculateur de probabilités et il utilise la formule de Bayes pour comprendre le fonctionnement du monde[6]. De ce fait, les chercheurs parlent du bébé statisticien ou « bayésien » du nom de l'inventeur de la formule mathématique[7]. En confrontant deux évènements l'un à l'autre, il quantifie la probabilité pour que l'un induise l'autre, remontant des conséquences vers les causes. Ainsi le bébé qui assiste à des phénomènes peu probables est toujours surpris. Chaque nouvelle journée « d'adaptation » est donc pour lui surprenante ou « improbable » puisqu'il ne peut tirer aucune conclusion logique à partir de la journée précédente, dans la mesure où elle était différente. Pour lui, tout cela est illogique, il ne comprend pas la notion de progression, mais seulement celles d'identique, différent, évident, logique. Un jour son repas est pris avec Papa, un autre jour avec quelqu'un d'autre, la fois suivante il dort à la crèche alors que la fois d'avant il avait dormi à la maison, etc. L'adaptation que nous avons voulue progressive, supposée permettre au bébé d'intégrer le fait que toute séparation se solde par des retrouvailles, passe à côté de son objectif : cela est acquis bien plus vite et de manière plus stable si cela est cohérent pour lui dans la répétition logique et non dans la progressivité. Josette Serres[8] raconte que si le bébé voit un adulte ranger des boules rouges dans une boîte, il s'attend à retrouver une majorité de boules rouges une fois la boîte ouverte. Il sera surpris si la majorité des boules est blanche. En faisant le parallèle, si le bébé vient à la crèche, lieu où ses parents ont prévu qu'il soit accueilli dans la journée, il est surpris si journée après journée les modalités de son accueil varient. Il ne peut pas prévoir ce qui va sortir de la boîte ! Il convient mieux de se mettre d'accord avec les parents sur la journée « type » qu'ils peuvent organiser pour leur enfant et la suivre pendant plusieurs jours de manière identique.

---

6. Cela a notamment été montré par des chercheurs en neurosciences. Citons le cours de Stanislas Dehaene au collège de France en 2013 « Le bébé statisticien : les théories bayésiennes de l'apprentissage », et l'ouvrage d'Alison Gopnik, *Le bébé philosophe*, Paris, Le Pommier, 2010.
7. Laurence Rameau, *Les savoirs du bébé*, Savigny-sur-Orge, Philippe Duval, 2013.
8. Josette Serres, « Recherches et petite enfance », cours à l'Institut Petite Enfance Boris Cyrulnik, Cholet et Béziers, juin 2014.

Ensuite, une variable (et une seule à la fois) peut être introduite pendant plusieurs jours également afin que le bébé comprenne la logique de l'affaire et en fasse des déductions. C'est ainsi qu'il comprend comment fonctionne son monde.

Pour résumer, d'une part l'adaptation ne saurait être réduite à une période précise et prévisible, au vu des temporalités différentes et nécessaires à chacun. Chaque famille a sa propre histoire, ses contraintes et ses demandes spécifiques qui sont à prendre en considération tout autant que celles des professionnels. S'il est réel que les parents ne savent pas forcément comment gérer ces premières prises de contact les uns avec les autres, les professionnels sont présents pour les accompagner et non pour les guider. Proposer à des parents de réfléchir eux-mêmes à l'organisation de l'arrivée de leur enfant à la crèche les renvoie à leur propre histoire comme à leur propre responsabilité vis-à-vis de leur enfant. Négocier cette arrivée avec les professionnels permet d'engager le dialogue sur les contraintes des uns et des autres, sur les organisations des temps de chacun, sur les moments les plus calmes ou les plus actifs dans la journée des enfants à la crèche, sur les disponibilités de chacun. Cela permet aux parents d'entrevoir le travail des professionnels et de le respecter, et cela permet aux professionnels de saisir l'organisation parentale et de l'accepter. Cette négociation établit un point d'équilibre, certes tout à fait provisoire, dans les premières relations entre les parents et l'équipe. Dans le cas inverse, et en présence de pratiques d'accueil protocolaires préétablies et par trop rigides, il y a une perte de la réflexion nécessaire à chacun pour envisager la nouvelle situation, pour mettre en place les nouvelles sociabilités qui sont en train de se créer. Il y a alors une sclérose de la pensée et donc des pratiques d'accueil. Se demander pourquoi la grand-mère accompagne l'enfant à la crèche et reste avec lui les premiers jours est plus intéressant qu'exiger la présence du père ou de la mère.

Demander que l'enfant vienne avec un doudou ou un vêtement portant l'odeur de sa mère d'emblée ne permet pas l'avènement d'une réflexion élaborée par chaque parent lorsqu'il se représente la séparation et l'échange qu'il peut initier avec les professionnels à ce sujet. Tout est dit aux parents par avance, dans une sorte de prévention du risque ou de mode d'emploi de l'entrée en crèche applicable à tous. Le tee-shirt à l'odeur de la maman est une bonne idée qui peut être évoquée dans un temps ultérieur, en fonction des évènements.

D'autre part, il convient aujourd'hui d'abandonner la notion de progressivité de la phase dite d'adaptation dans la mesure où elle ne fait que perdre l'enfant au lieu de l'aider à mieux comprendre ce qui se passe pour lui. Or, pour s'adapter à un nouvel environnement, il doit être en capacité de le comprendre. Reste ainsi à inventer avec chaque famille les conditions du meilleur accueil de leur enfant, en tenant compte de ce que nous savons aujourd'hui à propos du bébé et en prenant garde à ce que les pratiques d'accueil, censées étayer la relation, ne créent elles-mêmes des obstacles à la mise en place de relations harmonieuses, indispensables pour bien vivre ensemble à la crèche. Car sinon que dirons-nous dans un ou deux mois, si jamais Léo semble perdu et est malheureux au moment de se séparer de son papa ? Nous dirons : « Et pourtant son adaptation s'était bien passée ! » Oui elle est passée. Mais la séparation n'est pas pour autant une question que l'on peut ranger, telle une « affaire classée », dans la boîte « période d'adaptation ».

Les besoins de Léo

Comment s'occupe-t-on de notre enfant en notre absence ? Telle est la question que se posent les parents de Léo et plus généralement chaque parent, sans savoir (ou pouvoir) toutefois la formuler de manière aussi directe aux personnes accueillant leur enfant à la crèche. La relation entre l'accueillant et le parent s'établit en général autour d'un axe majeur, celui de la satisfaction des besoins de l'enfant. Les uns et les autres sont censés se relayer à la recherche du contentement des différents besoins du petit. Lorsque Léo est confié au professionnel, celui qui sait, il est entre de bonnes mains, car ses besoins seront respectés, du fait même du professionnalisme du personnel de la crèche, pensent les parents. C'est en cela que la crèche reste le premier mode d'accueil demandé par les parents. Parce qu'elle est perçue comme bénéfique pour leur enfant sur le plan de son développement global, de son éveil, de ses relations sociales, de son environnement favorable.

Mais très vite, les parents de Léo se rendent compte que les besoins qu'ils avaient « supposés » de leur enfant ne rencontrent pas ceux promus par les professionnels. Certes Léo a besoin de dormir, mais de là à le laisser dormir qu'à 16 heures… Selon eux, cela compromet sérieusement la soirée et le début de nuit. En fait, la crèche, qui annonçait son projet de respecter le rythme individuel de chaque enfant, s'y tient au pied de la lettre. Peut-être est-ce justement pour faire face à des critiques récurrentes ? Le rythme de vie de l'enfant serait plus fatigant à la crèche et la possibilité de se reposer serait moindre du fait de la collectivité. Le sommeil donne souvent lieu à des incompréhensions entre parents et professionnels. Au sein même des équipes, la discussion est vive entre le professionnel qui pense que l'enfant a besoin de se reposer et doit donc rester couché, alors qu'un autre professionnel soutient que, s'il ne s'endort pas, c'est qu'il n'en a pas besoin et doit donc pouvoir se lever et aller jouer. Le débat fait rage et le consensus est quelquefois difficile à obtenir. Pourtant, chacun évoque la satisfaction nécessaire du besoin de l'enfant, comme argument infaillible de… ses propres convictions éducatives ou de ses propres contraintes organisationnelles.

Or, la majorité des projets éducatifs de crèches s'appuie sur cette idée : identifier, détecter, repérer, recenser le plus finement possible les besoins de l'enfant à la crèche, afin d'y répondre de la façon la plus appropriée possible. Théorie des besoins fondamentaux, besoins premiers et vitaux, besoins secondaires, de quoi parle-t-on exactement ? Sommeil, alimentation, hygiène, jeux, relations affectives sont passés en revue et rangés en colonne : le besoin d'un côté, la réponse envisagée pour ce besoin de l'autre. Certes Léo a, comme tous les bébés, des besoins primaires et secondaires à satisfaire. Et sa particularité est qu'il ne peut le faire seul car il est un bébé. Il a donc besoin de ses parents et de ses accueillants pour organiser l'ensemble des tâches permettant de répondre à ses besoins. Mais tout n'est pas aussi simple car ces besoins, même primaires, sont d'ores et déjà socialisés. Usage, mode, coutumes, règles forment un ensemble organisationnel, culturel sur la manière de s'occuper des bébés. La crèche n'y échappe pas. Elle qui prétend répondre aux besoins des bébés, véhicule en fait un cadre culturel spécifique et dominant d'éducation des petits.

À la réflexion, le rapport entre besoin et satisfaction ne s'avère pas si évident, ni si mécanique. Certes le petit d'Homme est un être de besoin ; marqué par le manque et la dépendance, il compte sur les adultes pour sa survie et pour apaiser ses tensions.

Mais l'humain est d'emblée socialisé. Cela signifie que l'homme représente ses besoins, y compris de survie, dans des systèmes de signification, de sens, d'échanges symboliques qui le relient à son milieu et aux autres. De fait, le caractère nécessairement socialisé et symbolisé du besoin le rattache à la sphère du désir. Si l'Homme peut choisir de ne pas manger, il ne peut pas choisir de ne pas avoir faim. Mais il y a de nombreuses façons d'assouvir cette faim, entre frugalité et abondance, et autant de « recettes » de puériculture hautement variables et largement contestables. L'enfant peut être couché sur le ventre, sur le côté, sur le dos, dans un lit à barreaux ou sur une couchette basse, dans la clarté ou la pénombre, habillé d'une gigoteuse ou d'un body. Son sommeil, tout comme les autres temps forts de sa vie, n'a pas fini de faire réfléchir les équipes de crèches et de les confronter aux demandes parentales. Les parents de Léo ne souhaitent pas qu'il dorme aussi tardivement dans l'après-midi car pour eux cela décale le coucher de Léo le soir. Pourtant les professionnels sont persuadés que si Léo dort c'est qu'il en a besoin ! Que faire alors, sinon reconnaître que s'appuyer entièrement sur une théorie des besoins risque bien de créer plus d'effets secondaires néfastes, des difficultés relationnelles et des mésententes qui auront forcément un impact sur l'enfant ?

Les choix des équipes varient suivant les modes et les coutumes du moment en s'appuyant, quelquefois avec bonheur, sur les théories et avancées de la recherche. Mais il faut bien considérer que les besoins liés à la survie sont aussi subordonnés au développement de la vie sociale. Faire le choix d'une alimentation issue de l'agriculture biologique dans les établissements d'accueil de jeunes enfants ne concerne pas tant une réponse au besoin alimentaire des enfants que l'inscription du lieu dans un processus culturel d'une diététique écologique bien repérable et très actuelle. Il en est de même pour l'utilisation des couches lavables. Cette « mode » du bio, et ses aléas comme l'inscription des lieux d'accueil dans le développement durable, signifie les craintes sociales et le désir de préservation des générations futures.

De la même manière, les projets éducatifs élaborés par les professionnels des crèches sont le reflet d'une organisation sociale spécifique. Ils ne peuvent en aucun cas se présenter uniquement comme les vecteurs de la satisfaction des besoins supposés des jeunes enfants. Car l'enfant vit aussi ses besoins sur le mode du désir, c'est-à-dire du manque en tant que représentation anticipée de la satisfaction et/ou de la frustration. Ce qui constitue le besoin humain est en fait un désir, toujours impossible à satisfaire pour demeurer désir. La demande masque ce désir mais est incapable de le combler. Le désir renaît sans cesse, ailleurs, autrement, car le désir de l'Homme est le désir de l'Autre, lié à la non-fusion, à la séparation. Qui peut dire quel manque essaie de combler Léo lorsqu'il veut s'approprier la petite voiture possédée par un autre ? Est-ce l'objet qu'il désire ou le plaisir de l'autre enfant qu'il cherche à s'arroger ? Nous ne le savons pas. Mais lorsque Léo comprend qu'il ne peut pas obtenir ce qu'il convoite, il se met très en colère et cherche du soutien auprès des professionnels. Le sentiment de manque conduit à la sublimation, au transfert, à des émotions très stimulantes. Les désirs insatisfaits sont ceux qui soutiennent le goût de la vie, de l'échange et du langage. Il faudra bien que l'enfant se fasse comprendre pour arriver à ses fins !

Donc le besoin n'a pas tant pour fonction première d'être satisfait que de se trouver être présent au centre de l'organisation de cette microsociété qu'est la crèche. Ce qui veut dire que la satisfaction des besoins de chaque enfant ou de tous les enfants ne peut pas être la finalité de l'accueil éducatif. Sauf à fonctionner comme un dogme, le respect des besoins de l'enfant ne peut être un concept opérationnel dans l'organisation du fonctionnement éducatif d'une crèche. Cela ne sous-entend pas que l'écoute du désir et la reconnaissance de la demande tout aléatoire, aussi changeante et instable fût-elle, ont à disparaître. Car les enfants ne manquent ni de vie, ni de désirs, et les écouter, les regarder, les comprendre sont autant d'outils professionnels pour stimuler leurs désirs et leur donner les moyens d'aller plus haut, c'est-à-dire de les élever, de les éduquer.

Les professionnels ont intérêt à prendre conscience bien plus finement qu'il y a eu une évolution de la mission d'accueil à laquelle ils participent. Cette dernière est maintenant orientée vers l'idée de favoriser le développement de l'enfant et non plus vers sa survie. Cela signifie juste qu'il faut dépasser le concept de besoin de l'enfant pour créer d'autres cadres de référence, prendre d'autres voies éducatives et laisser de côté nos anciennes recettes de puériculture.

Léo arrive

Chaque matin Léo arrive en poussette à la crèche de son quartier, accompagné par l'un de ses parents. Bien que les adultes emploient les termes d'établissement, de structure ou d'institution pour désigner la crèche, pour Léo, il s'agit d'une maison. Elle est semblable aux constructions voisines et se fond dans l'environnement extérieur, s'alignant logiquement sur les bâtiments aux façades contiguës et assurant de ce fait une continuité esthétique. Ainsi, le premier abord visuel, extérieur, de la crèche est un peu flou. La crèche n'est pas très visible et se confond avec les autres constructions. Est-elle pour autant invisible ? Non, car la volonté des promoteurs n'a pas été de la cacher. Au contraire, si l'esthétisme visuel est recherché, c'est ici non pas dans un esprit de monotonie et d'uniformité, mais avec l'idée que l'identification de la crèche se fasse de façon positive. L'image de ce lieu, son identité dans le quartier, s'annonce dans un cadre homogène et harmonieux. C'est une sorte de « boîte » colorée avec une façade animée, habillée de motifs enfantins. À travers on aperçoit un mur de billes multicolores, une grande fenêtre vitrée imprimée par sérigraphie à certains endroits. En arrivant, Léo observe chaque matin cette animation visuelle dévoilant la vocation enfantine et ludique de la crèche.

Cette représentation est également donnée à voir aux passants, aux visiteurs comme aux usagers, aux enfants comme aux adultes, sorte de préambule augurant de ce qui se passe ici. Un mélange de transparence et d'opacité, un rideau de scène où voir et être vu font partie de la même pièce urbaine. Il s'agit de la scène de la cité dont les jeunes enfants ne sont plus autant exclus. Placés au cœur de la ville, ils en deviennent des éléments actifs, participatifs. Les façades translucides ou vitrées les protègent de la rue, mais leur offrent aussi la possibilité d'y observer le mouvement de la vie, d'y participer : étonnements, regards appuyés, petits signes de la main, sourires, présentation d'objets aux passants... La place du jeune enfant dans la ville ne se trouve pas dans une séparation totale comme cela a pu être le cas avant, mais dans l'organisation d'un rapport entre l'extérieur et l'intérieur de la structure d'accueil, et donc dans une représentation sociale de la petite enfance intégrée dans le paysage urbain.

Est-il possible, en ce cas, de dire que pour chaque enfant le temps de la crèche fait aussi partie des temps rythmés de la ville ? D'une certaine façon oui, car en abaissant les murs et en vitrant les façades des nouvelles crèches, les architectes ont fait entrer la lumière et avec elle une partie de l'activité humaine du dehors. Ainsi, l'univers de socialisation que représente la structure d'accueil s'élargit hors de ses murs en permettant au jeune enfant un certain dialogue avec l'extérieur. Il est protégé, mais sans être exclu de la mouvance, de l'extériorité. Les regards sont rendus possibles, les rencontres aussi parfois, même avec un inconnu, l'échange est là, initié ou pas par l'enfant qui arrive et qui plonge directement dans la pièce de jeu, ou par celui qui, de l'intérieur, interroge par sa gestuelle et son regard, le passant ou le nouvel arrivant.

La crèche, en devenant pour partie accessible visuellement, participe du changement de paradigme concernant la place du jeune enfant dans la société. Elle reflète la volonté sociale de le faire profiter du spectacle et du mouvement de cette société. Certes, il ne suffit pas d'ouvrir les portes et de vitrer les murs pour faire du jeune enfant un acteur principal de la société du 21e siècle. Et les dérives existent. Que penser de la domination inclusive de l'œil lorsque les parents ont la possibilité de regarder, *via* Internet, les activités de leur enfant pendant son séjour dans la crèche ? Montrer ce qui se passe à la crèche, sans interactions possibles et sans que l'enfant se sache observé est plus proche du savoir-pouvoir de Michel Foucault que de la participation active librement consentie. Bien au contraire, lorsque l'organisation architecturale rend visible de l'extérieur ce qui se passe à l'intérieur, c'est comme si le travail des professionnels commençait avant même l'arrivée de l'enfant. Un regard, un sourire, un geste, la signification aux autres enfants que Léo arrive, sont autant de signes d'accueil plus ou moins explicites, d'interactions débutées avant l'arrivée, de relations déjà engagées. Les rapports sociaux et l'éducation des jeunes enfants s'en trouvent modifiés. Les pratiques professionnelles également. Trouver le moyen de moucher un enfant qui le refuse sans passer par la contention forcée devient nécessaire, car sinon ce geste pourrait être interprété comme « non bien-traitant », vu de l'extérieur. De la même façon, les professionnels ne déshabillent pas un bébé au milieu de la pièce, sous le regard d'éventuels passants, car le respect de la pudeur de l'enfant devient plus présent sous la pression extérieure.

La communication verbale et gestuelle, tous les contacts se veulent attentionnés et respectueux. La proximité corporelle professionnel-enfant se différencie sans doute de celle parent-enfant. Des nuances sont visibles. Un professionnel qui porte un enfant essaie de lui permettre de regarder ce qui se passe autour de lui, il ne l'enferme pas dans ses bras, il s'assoit afin que l'enfant qui se déplace puisse repartir facilement. Mais l'affection ne doit pas être étrangère aux professionnels des crèches. Le câlin est un temps de pause et de réassurance indispensable pour l'enfant avant qu'il se lance de nouveau à la découverte de son environnement. Mais il n'est pas un temps d'appropriation de l'enfant par l'adulte. Grâce à ces moments, une réalité professionnelle familière et affective s'installe entre l'enfant et le professionnel. Réalité dans laquelle l'attachement de l'enfant se crée avec ces nouvelles figures qui lui sont proposées. En effet, nous savons aujourd'hui que ces temps d'attention et de douceur entraînent la sécrétion de l'ocytocine, une hormone produite dans le cerveau par l'hypothalamus. Elle est aussi appelée l'hormone de l'attachement et de la facilitation du lien social. La proximité relationnelle, l'intimité et l'affection portées à l'enfant provoquent la sécrétion de cette hormone qui protège son cerveau contre le stress et facilite l'installation de liens d'attachement avec les personnes qui s'occupent de lui. Ainsi le bébé peut construire un « autre » attachement (autre dans le sens d'un attachement différent de celui qu'il a avec sa mère et son père) avec des professionnels de la crèche. Ces autres figures d'attachement forment ce que John Bowlby[9] avait appelé le système d'attachements multiples, le décrivant comme le meilleur des systèmes d'attachement dans la mesure où ils sont autant de facteurs favorables à son développement. En effet, ils représentent pour l'enfant des portes ouvertes à l'installation d'un attachement sécure qui lui sera bien utile dans sa vie. Blaise Pierrehumbert[10] a montré que les personnes ayant un attachement « sécure » étaient celles qui sécrétaient le plus d'ocytocine lorsqu'elles sont en situation de stress. Ce qui veut dire qu'elles peuvent mieux s'en prémunir et le contrôler. Un enfant qui a un attachement sécure est capable de « mimer » dans son corps la présence de l'autre, comme s'il était présent. C'est ainsi que John Bowlby avait décrit la théorie de l'attachement bien longtemps avant que les neurosciences prouvent sa réalité physiologique.

Il ne s'agit plus exclusivement de répondre aux besoins de maternage, de proposer une réponse immédiate à ce qui est

9. John Bowlby, *Attachement et perte*, vol. 1 à 3, Paris, Puf, 1978-1984 et *Soins maternels et santé mentale, Contribution de l'Organisation mondiale de la santé au programme des Nations unies pour la protection des enfants sans foyer*, Genève, OMS, 1951.

10. Blaise Pierrehumbert, Anna Brytek-Matera, Raffaella Torrisi, « Le stress : ocytocine et attachement », *in Sciences Psy* N° 1, novembre 2014-janvier 2015, p. 60-64.

considéré par l'adulte professionnel comme un besoin de l'enfant, mais de lui donner les meilleures chances de développer son intelligence en ayant envers lui un comportement éducatif qui évite les perturbations cérébrales et, au contraire, favorise la protection de son cerveau. Il ne s'agit plus de se retrouver entre soi dans le gynécée-crèche. La transparence architecturale impose que ces actes professionnels, en étant visibles, se trouvent en fait confrontés et partagés avec le tiers extérieur potentiel. La crèche se socialise elle-même, elle sort de l'entre-soi professionnel matriciel et privé pour s'intégrer dans le maillage social plus large, plus en accord avec une représentation moderne de la petite enfance.

À condition toutefois d'admettre que la transparence n'est acceptable que dans la mesure où sont aussi prévus des lieux d'intimité. Replacer la crèche dans la cité, admettre que les enfants n'y soient pas systématiquement mis à l'abri, écartés de la rue, mais qu'ils puissent aussi interagir avec l'extérieur ne signifie pas pour autant faire l'apologie de la transparence, idéologie ô combien risquée. Être vu et voir s'accordent avec la présence de cachettes pour les enfants, avec l'idée de pouvoir se soustraire au regard des autres, y compris momentanément à celui des professionnels, dans des lieux repérables et accessibles. Allier la protection et l'ouverture vers l'extérieur, alterner le visible et l'invisible participent de cette oscillation nécessaire dans l'accueil et l'éducation des jeunes enfants entre la sécurité, y compris affective et l'aventure.

Léo refuse de manger

11 heures à la crèche. Léo semble avoir faim. Il regarde avec envie du côté des autres enfants installés pour leur repas. Nathalie, l'auxiliaire de puériculture, est libre et toute disposée à lui offrir de quoi se restaurer. Il se laisse installer sur une chaise haute dans l'espace réservé. Elle lui met son bavoir autour du cou et lui explique qu'il doit patienter un peu, le temps qu'elle prépare son assiette de purée. Cette purée carottes-pommes de terre semble succulente.

Elle a été confectionnée par Thierry, le cuisinier de la crèche. Car les enfants ont cette chance : la crèche possède une superbe cuisine dans laquelle officie Thierry, tel un ange blanc. Blouse blanche de cuisinier, tablier blanc immaculé et toque sur le chef. Cuisinier-pâtissier de formation, il dit faire ce métier car il aime partager son plaisir gustatif avec les autres. Et fort d'une expérience de quatre enfants à nourrir à la maison, il s'est spécialisé dans les purées et mets adaptés aux plus jeunes. Chaque semaine il établit le menu, passe les commandes, court faire les achats non livrés, jongle avec les budgets et essaie de répondre aux régimes individuels et à la tendance de plus en plus populaire du bio. Nous sommes en Normandie, alors les pommes bio en provenance de Nouvelle-Zélande, cela le rend un peu dubitatif. Mais il s'acharne, cherche et trouve les produits locaux, le lait et les pommes de terre « bio ». Ainsi, chaque jour il confectionne de nouveaux menus, des purées de toutes les couleurs pour les bébés, des plats plus élaborés pour les plus grands. Il s'applique, tel un magicien, à ce que la présentation des mets suscite la curiosité et l'envie d'y toucher avant d'y goûter. Plaisir des yeux, des nez et des mains avant celui des bouches et des papilles. Car il a bien compris que ces jeunes enfants découvrent le monde avec tous leurs sens. Et son plaisir à lui est de les entendre se régaler, eux, mais aussi les professionnels et les parents, car les jours de gâteaux, il y en a pour tout le monde. Il prépare des tuiles aux amandes, des cookies, des gâteaux au chocolat qu'il laisse aussi dans la salle du personnel et sur la table de l'espace parental, c'est ainsi qu'il exprime tout son art.

Les enfants le connaissent bien. Chaque matin il s'enquiert des menus spécifiques ou individualisés à préparer, des ennuis digestifs des uns ou des autres. Chaque midi il débarque dans les salles de repas et inspecte le déroulement du déjeuner. Ceux qui dévorent, mangent ou grignotent, voire picorent, il les connaît. Et petit à petit il s'ajuste aux goûts des enfants. Ainsi, il sait qu'il ne sert à rien d'introduire une nouveauté le lundi, jour de retour de week-end, et propose plutôt des pâtes. Il accorde ses menus au rythme de la vie des enfants dans la crèche. Il a appris que les petits n'apprécient pas trop les mélanges et qu'il vaut mieux présenter la salade avec les tomates d'un côté et le maïs de l'autre pour éviter aux enfants de ne faire que trier au point d'en oublier de manger.

Mais aujourd'hui, déception et perplexité, le petit Léo refuse sa purée. Bien installé, assis dans sa chaise haute, il semblait assez impatient et lorsque Nathalie approche l'assiette de purée, il détourne le regard, fait non de la tête et met la main devant lui en barrage. Il refuse d'ouvrir la bouche sinon pour pleurer. Elle n'insiste pas et, sûre d'elle, lui propose le dessert. Fromage blanc et compote pommes-poires maison, un régal. Mais de nouveau Léo refuse, mêmes gestes, mêmes cris, mêmes pleurs. Nathalie est désappointée. Que se passe-t-il ? Les parents de Léo ont signalé qu'ils étaient passés récemment aux repas à la cuillère et que Léo avait adoré. Il mange tout ce qu'ils lui présentent : un vrai bonheur, il dévore, selon eux ! Eh bien Léo, qu'es-tu en train de dire ? Que tu ne veux pas manger à la crèche ? Est-ce une manière pour toi de dire que tes parents te manquent ? Que tu ne veux qu'eux pour une chose aussi importante que manger ? Les professionnels pensaient t'avoir apprivoisé ! Tu leur donnais l'impression d'être bien, tu joues, souris souvent, acceptes de venir dans leurs bras lorsqu'ils sont disponibles et ouverts, tu les autorises à changer ta couche régulièrement et acceptes le lit de repos qu'ils t'ont attitré. Alors que se passe-t-il ? Quel est ce mal-être qui te conduit à refuser les repas de Thierry ?

Le soir, lorsque le papa de Léo vient le chercher, Nathalie lui en parle. Il est étonné. Léo n'est pas malade, tout va bien. Il répète que Léo aime manger, que c'est un plaisir partagé avec eux et il ne voit aucune raison pour qu'il refuse de nous montrer ce plaisir-là. Les professionnels sont tous embêtés. Nathalie propose au papa de Léo, disponible au moment des repas, de venir lui donner le sien à la crèche. Peut-être trouveront-ils ainsi des réponses à leurs interrogations respectives ?

Le lendemain, le papa de Léo arrive vers 11 heures. Tout est prêt. La chaise haute, le fauteuil pour papa, le bavoir et l'assiette de purée. Léo est ravi de ce « privilège ». Il a son papa à lui pour son repas à lui. Et Papa est content de venir montrer à ces « professionnels » comment il est, lui, capable de nourrir son fils. Les professionnels sont heureux des retrouvailles de ces deux-là autour de ce repas et s'occupent des autres enfants. Mais lorsque le papa de Léo découvre l'assiette de purée, il se retourne vers Nathalie, une expression étrange sur le visage : « C'est ça la purée ? Jamais Léo ne mangera ça ! »

La bonne purée de Thierry venait d'être attaquée ce qui laissait sans voix les professionnels. Et effectivement, les mêmes causes ayant les mêmes effets, le papa, tentant de proposer la cuillerée à Léo, subit immédiatement le même traitement que Nathalie la veille : refus, cris et pleurs de Léo… Mais l'explication était devant les yeux de tous. Léo ne mange que des petits pots. L'odeur est différente, l'aspect bien plus lisse, la couleur complètement uniforme, alors pour le goût : Léo n'essaie même pas ! Et c'est pareil pour le dessert. Seulement des petits pots de compote de texture bien lisse.

Nathalie court à la cuisine et offense Thierry en lui demandant un petit pot. Ouf, il conserve en réserve des petits pots de carottes et de coings pour les régimes anti-diarrhéiques ! Il fait une drôle de tête mais réchauffe le petit pot de carottes qu'elle apporte, tel un trophée gagnant au papa de Léo. Ce dernier mange avec appétit, il sourit à son père qui est venu le comprendre, le sauver, car il avait vraiment faim. Il enfourne à la suite le dessert.

Reprenons la situation.

Que dire de parents choisissant facilité et rapidité d'exécution pour les repas de leur bébé, sinon que cela est leur choix et qu'il est légitime ? Certes d'un point de vue gustatif, la palette sensorielle des purées « maison » est bien plus étendue. Ce qui permet au bébé d'ouvrir plus largement son propre répertoire de goût. Nous savons aujourd'hui que les premiers mois de la vie d'un bébé sont une période qualifiée d'âge d'or des papilles et que les premières expériences sont fondamentales dans la construction de ses goûts[11]. Lors de la diversification alimentaire, Léo découvre les différentes saveurs et textures des purées et compotes. Mais il est aussi très sensible et interprète le monde toujours avec logique selon sa méthode bayésienne. Ainsi, une purée qui n'a pas la même odeur, la même saveur et la même texture que celle qui lui est donnée habituellement est une purée étrange qu'il refuse avec prudence. Les professionnels vont donc devoir s'armer de patience et permettre à Léo de retrouver ce qu'il connait pendant un certain temps avant de tenter à nouveau et à plusieurs reprises de lui faire gouter un peu de purée « maison », tout en comprenant que pour lui c'est une véritable aventure.

11. Sandrine Monnery-Patris, *Le bébé gastronome*, Savigny-sur-Orge, Philippe Duval, 2013 et « Sensorialité et alimentation », cours à l'Institut Petite Enfance Boris Cyrulnik, Cholet, avril 2014.

Mais nous devons poser cette question : qui sont les professionnels, spécialistes de l'accueil des jeunes enfants, qui, sûrs de leur fait, et de la qualité de l'accueil qu'ils offrent aux enfants, croient savoir ce qu'il y a de mieux pour eux ? Penser que tout est symptôme chez l'enfant ne signifie pas qu'il faille en faire des interprétations psychologiques trop rapides. Prendre le temps d'observer, de faire des hypothèses, de chercher à comprendre reste plus intéressant comme travail et permet de mieux trouver des solutions aux divers problèmes. C'est une démarche scientifique, celle-là même qu'adoptent aussi les jeunes enfants de manière naturelle. Il est agréable de voir que les professionnels savent rester modestes face aux situations des enfants. Il faut qu'ils perçoivent à quel point ils peuvent sans cesse les surprendre. Et en étant en capacité de partager leurs doutes et incompréhensions avec les parents plus que leurs certitudes censées les rassurer, ils sont de bons professionnels. Toute la qualité qui est mise en place pour l'accueil des enfants est indispensable, mais elle peut aussi devenir inefficace si les professionnels demeurent isolés dans leurs certitudes. Pour éviter cela, le partage de l'éducation des petits avec les parents semble être un bon rempart.

Léo a oublié son doudou

Léo a perdu son doudou. Au moment de la sieste, il le réclame à grands cris. Branle-bas de combat à la crèche, les professionnels se lancent à sa recherche. Le range-doudous est fouillé, les caisses de jeux sont renversées, les salles d'accueil explorées, les sanitaires inspectés, la structure de motricité est visitée, tout comme les lits et les casiers des autres enfants. Mais le lapin bleu aux grandes oreilles reste introuvable. Léo est en larmes : il n'a pas l'habitude de s'endormir sans lui. Mais l'avait-il vraiment avec lui ce matin ? Ses parents l'amènent toujours à la crèche avec son doudou. Mais aujourd'hui le doute s'installe : l'avait-il ? Le professionnel qui l'a accueilli ne se souvient pas avoir vu le lapin dans la main de Léo à son arrivée. À l'angoisse de l'enfant s'ajoute la panique des accueillants, chacun sait que Léo ne dormira pas sans son lapin et qu'il va suffisamment exprimer son mécontentement pour risquer d'empêcher les autres de s'endormir : la sieste est fichue et de ce fait, l'après-midi sera difficile également. Certains proposent de téléphoner aux parents afin qu'ils amènent le doudou à la crèche, ou même un remplaçant !

Il est toujours utile de relativiser les pratiques pédagogiques en les confrontant à leur histoire. Alors qu'à une certaine époque le doudou était interdit à la crèche, il semble aujourd'hui être devenu obligatoire. Une campagne d'affichage a été lancée dans les années 1970-1980 : elle montrait un enfant allant à la crèche avec en guise de baluchon son ours en peluche. Sur l'affiche était écrit : *Pas d'aventure sans mon doudou*. Ce doudou, théorisé par Donald Winnicott comme objet transitionnel, faisant transition entre l'enfant lui-même et le monde extérieur et lui servant ainsi de protection, de sécurité, n'est pourtant pas l'unique source d'apaisement ou de sécurisation d'un bébé. Boris Cyrulnik[12] a dit à quel point l'exploration et la sécurisation sont deux exigences antagonistes, toutes deux nécessaires à une relation d'attachement harmonieuse. L'objet transitionnel a cette fonction sécurisante qui aide l'enfant à aller vers l'ensemble des propositions exploratoires qu'offre la crèche. Mais il n'est pas la seule défense de Léo contre le stress ni la seule attache qu'il possède pour l'aider à s'endormir. Certes, il est pour lui d'une grande importance, il a une énorme valeur. Il l'emporte partout. Il est sale, sent mauvais, n'a plus ni bouche ni yeux car il a été sérieusement malmené, mais il reste vital pour Léo et est indispensable à son endormissement. Il est imprégné par l'ensemble des odeurs de la vie du jeune enfant. Ces odeurs sont les siennes, elles le guident, le rassurent. Elles portent les significations, les traces de sa vie, et sont accrochées à son doudou, le rendant unique à ses yeux et à ses narines. Aujourd'hui nous savons que le sens de l'odorat est très performant chez le bébé dès sa naissance et que les odeurs, associées aux évènements de l'enfance, restent gravées très longtemps dans la mémoire.

La crèche diffuse aussi ses parfums. Celui des savons et des couches sales lorsque les poubelles ne comportent pas de systèmes de fermeture appropriés. D'ailleurs, longtemps il a été reproché aux structures d'accueil de baigner dans une odeur d'« hôpital ». Celle-ci était la résultante de l'utilisation des produits d'entretien spécifiques, les mêmes que ceux des hôpitaux, qui, mélangés à des relents d'urine et de matières fécales liés à l'accumulation de couches sales, représentaient une signature olfactive des crèches bien peu agréable. Mais les parfums des crèches ont changé. Ils se rapprochent plus de ceux d'une maison avec les émanations de la cuisine le matin, celles du bois des jeux, de la colle, des feutres

12. Boris Cyrulnik, *De chair et d'âme*, Paris, Odile Jacob, 2006.

ou de la peinture, celle du gâteau qui cuit pour le goûter ou des desserts lactés en préparation et celles des enfants qui s'agitent. Une auxiliaire de puériculture racontait que ses enfants lui reprochaient de « sentir la crèche » quand elle rentrait le soir chez elle. Mais cela ne semblait pas les dégoûter. Au contraire sa fille voulait devenir « créchière » comme sa mère ! Ce parfum est en fait celui des bébés. D'ailleurs, chaque enfant possède aussi sa propre odeur et souvent les professionnels aguerris reconnaissent les vêtements des enfants en les sentant. La crèche est un mélange d'odeurs qui fait sens pour les enfants. Car ce mélange leur devient familier et il inclut leur propre odeur. Ils appartiennent aussi à ce lieu. Leur odeur est sur leurs vêtements, leur lit, leur doudou ! Toutes ces odeurs s'inscrivent dans la mémoire de l'enfant en cette période privilégiée d'ouverture neurocognitive qu'il connaît, et toutes concourent à l'identification du lieu crèche comme lieu de sécurité, lieu apprivoisé.

La crèche est aussi tout cela pour Léo, donc l'oubli de Lapin bleu à la maison n'est pas forcément une catastrophe qui demande qu'on lance un appel d'urgence à ses parents. Que se passe-t-il pour Léo ? Certes, il déplore fortement et de façon justifiée l'absence de son doudou. Il est triste et un peu angoissé. Mais cet objet transitionnel fait partie d'un ensemble que Winnicot a appelé « phénomènes transitionnels ». Il est un de ces phénomènes qui se détache particulièrement et s'impose très visiblement et de façon assez générale pour la majorité des jeunes enfants. Mais d'autres phénomènes transitionnels sont également présents, dont cette capacité à organiser les stimulations sensorielles et à se laisser guider par elles. Léo a des compétences. Il n'est pas incapable de contrôler son émotion de tristesse liée à l'absence de son doudou. Il peut, avec l'aide de l'adulte, se réconforter et se réassurer. En effet, Léo n'est pas seul au monde. Il est soutenu et accompagné par les professionnels de la crèche. Il ne sert sans doute à rien de lui dire de se calmer ou de faire un effort. Cela risque au contraire de l'accabler encore plus. Léo apprend petit à petit à réguler ses émotions. Cette tristesse qui l'envahit au moment de se coucher pour la sieste sans son lapin bleu est une épreuve, mais elle n'est pas insurmontable. Il lui faut une présence et une attention particulière des professionnels qui vont l'aider à surmonter cela. D'un côté en reconnaissant sa « douleur » et de l'autre en lui disant à quel point il est capable de la surmonter. En faisant cela le professionnel lui donne les codes pour apprendre sa régulation émotionnelle, ce qui est indispensable comme apprentissage et qu'il ne peut faire seul[13]. Les professionnels de la crèche sont pour Léo des figures d'attachement. C'est à ce titre, parce qu'ils représentent une sécurité et une confiance pour Léo, qu'ils peuvent l'aider à se motiver et à se contrôler. C'est en cela un véritable rôle professionnel qui échappe de fait dans le cas où la mobilisation se fait sur la recherche du lapin à tout prix.

L'absence de son lapin ne compromet pas forcément sa capacité à s'endormir à la crèche, même si cela risque de prendre plus de temps. Car d'autres phénomènes transitionnels peuvent l'aider dans cette situation difficile mais non insurmontable. À condition toutefois que les adultes en soient persuadés et soient aussi en capacité de lui offrir une alternative pédagogique. C'est cette éducation positive qui, en permettant à Léo de voir sur le visage des professionnels qu'ils croient en lui et qu'ils sont contents quand enfin il réussit à se calmer, lui permet d'avancer. Déranger les parents, les inquiéter, les culpabiliser pour cet oubli, leur signifier que leur enfant perturbe le sommeil des autres, c'est aussi leur dire que les professionnels ne font pas leur travail pédagogique et sont incapables de trouver des solutions. Cela ne semble pas être la meilleure attitude professionnelle. Léo n'est pas perdu à

13. Evelyne Thommen, « À chacun sa régulation émotionnelle ! », *in Le Journal des professionnels de la petite enfance* N° 92, p. 46-47.

la crèche, sa sécurité affective n'est pas compromise juste par la perte ou l'oubli de son objet transitionnel. Il a créé des liens avec les professionnels, avec les autres enfants couchés dans la même chambre. Il n'est pas abandonné. Peut-être voudra-t-il choisir une peluche ou une poupée, ou un autre objet parmi ceux disponibles dans la caisse de jeux ? Il peut momentanément ou durablement investir un autre objet en guise de transition. Laissons-le en choisir un. Peut-être s'endormira-t-il dans les bras de l'adulte ou grâce à des mouvements de bercement ou encore au son de berceuses ? Assis à côté de lui, l'adulte lui parle, le rassure, car c'est son travail. Il lui dit combien Léo est capable, fort. Il assure ainsi sa sécurité affective, lui permet de comprendre ce qu'il ressent, le rassure sur ses propres capacités à surmonter cette épreuve. C'est ainsi que des réseaux neuronaux se forment dans le cerveau de Léo pour apprendre à réguler ses émotions. Le développement émotionnel de l'enfant dépend sans doute tout autant des données biologiques de base que de l'environnement dans lequel il évolue. L'engagement du professionnel dans la relation privilégiée qui s'est installée entre lui et cet enfant rend possible cet apprentissage. L'empathie qu'il ressent pour cet enfant le conduit vers des actions spécifiques pour atténuer son désarroi.

À l'inverse, si les adultes se sentent démunis ou anxieux dès qu'un enfant se trouve dans une telle situation, s'ils n'ont pas assez confiance en leurs compétences professionnelles pour aider cet enfant, s'ils n'ont pas compris que tout ce qu'ils ont déjà engagé dans le travail relationnel avec cet enfant leur permet aujourd'hui de l'aider ou encore s'ils sont trop peu nombreux pour personnaliser l'accompagnement à l'endormissement d'un enfant, alors oui, la sieste de tous risque bien d'être gâchée. Les neurones miroirs[14] de l'enfant vont alors refléter l'anxiété des

14. Giacomo Rizzolatti, Les neurones miroirs, *in Sciences Psy* N° 1, novembre 2014-janvier 2015, p. 36-40.

professionnels, ce qui ne l'aidera pas. En effet, ces neurones facilitent la compréhension de ce qui se passe dans la tête d'autrui. Ils permettent de détecter et de reproduire non seulement les gestes d'autrui mais aussi ses émotions, ses sentiments et ses motivations. Peut-être sont-ils responsables du fait qu'on a longtemps dit que les bébés étaient des éponges à émotion ? Car c'est un fait en neuroscience, le bébé ne sait pas freiner son système miroir[15] avant l'âge de quatre-cinq ans. Ce sont eux qui lui permettent d'accéder à la théorie de l'esprit. C'est-à-dire de comprendre ce qui peut se passer dans la tête de l'autre. Ainsi, on voit de très jeunes enfants aller chercher le doudou d'un autre qui pleure ou signifier à l'adulte qu'il lui faut son doudou. Ils font déjà preuve d'empathie.

Les professionnels des crèches s'inscrivent constamment dans cette recherche d'équilibre entre ces deux buts opposés : d'une part assurer la sécurité de l'enfant et de l'autre lui permettre d'apprendre. L'un ne va pas sans l'autre et c'est aux professionnels qu'il revient de trouver les moyens de remplir cette mission. Mais il est clair que pour remplir cette mission ils doivent avoir confiance en eux et connaître également un environnement de travail sécurisant et agréable.

15. Pierre Bustany, « Les neurones miroirs et le développement de l'enfant », *in Le Journal des professionnels de la petite enfance* N° 89, juillet-août 2014, p. 22-25 et « Le cerveau de l'enfant », cours à l'Institut Petite Enfance Boris Cyrulnik, Cholet et Béziers, février 2014.

Le rituel de Léo

En ce moment Léo a un peu de mal à quitter sa maman. Il aime venir à la crèche et semble heureux tout au long de la journée. Il joue, s'intéresse aux autres, s'ébat gaiement dans les différentes activités proposées par les professionnels. Mais le matin la séparation ne se passe pas très bien. Léo s'accroche, crie, ne veut pas jouer et refuse d'aller dans les bras de l'accueillant. Finalement, sa maman s'en va et un professionnel propose à Léo de lui faire un signe d'au revoir à travers la vitre. Seulement voilà, ce jour-là, sa maman n'a pas pris le même chemin qu'habituellement et Léo a beau attendre derrière la vitre, il ne la voit pas. C'est la déception !

La théorie de l'attachement, qui met l'accent sur l'importance de la création des premiers liens du bébé avec sa figure principale d'attachement, en général sa mère, et de ceux qu'il crée avec ses figures secondaires d'attachement – les personnes qui s'occupent de lui – postule que ces relations ont un impact profond sur la vie future de l'enfant. En effet, le type d'attachement qui unit le bébé à sa mère, à ses parents, aux personnes qui s'occupent de lui, sert de support, sorte d'ancrage de sécurité permettant à l'enfant de partir à l'exploration du monde. L'attachement serait donc un système motivationnel, indispensable au maintien de la vie[16] et dont la qualité, plus ou moins « sécure », conditionne les capacités d'aventure et donc d'apprentissage des jeunes enfants. Cette prédominance du rôle maternel ou parental dans l'ancrage affectif, puis social de l'enfant est primordiale et se joue au cours des premières années de vie de l'enfant.

16. Pierre Rousseau, « Les Interactions précoces », cours à l'Institut Petite Enfance Boris Cyrulnik, Cholet, avril 2014.

Les films des Robertson qui montraient dans les années 1960 la souffrance des enfants séparés brutalement de leur mère ont marqué des successions de générations de professionnels des crèches et les ont conduits à élaborer des pratiques permettant à l'enfant de mieux vivre cette séparation. Ils ont alors cherché à mettre en place des pratiques d'aménagement de ces moments où l'enfant doit se séparer sa figure principale d'attachement. Tout l'objectif est d'aider l'enfant à dépasser ce moment parfois douloureux de séparation d'avec sa figure principale d'attachement, pour se consacrer à l'autre versant de la théorie de l'attachement, c'est-à-dire pouvoir jouer, découvrir, créer des interactions sociales avec les autres enfants, et aussi créer de nouveaux liens d'attachement. Petit à petit, l'enfant trouve les moyens de conserver en lui la sécurité affective que représente sa figure d'attachement principale et donc d'être à l'aise, même lorsqu'elle est absente. Certains enfants, plus « insécures » ont besoin de la présence d'une autre figure de sécurité affective pour se sentir bien. Ce sont ceux qui « se collent » à un ou deux professionnels et ne peuvent jouer qu'en leur présence.

Ainsi, formés et bercés par l'idée qu'il est important d'aménager les séparations pour éviter les risques et aider les enfants, les professionnels savent qu'ils doivent accompagner ces séparations matinales chaque jour. Mais les pratiques d'accueil, censées étayer la relation, ne créent-elles pas elles-mêmes des effets secondaires défavorables à la mise en place de liens sécurisants entre l'enfant, ses parents et les professionnels ? Car la question est de savoir quelle place le professionnel laisse réellement au parent pour tenter de trouver lui-même des solutions quand il rencontre ce type de difficulté : arriver à se séparer de son enfant d'une manière moins douloureuse, plus harmonieuse, lui donner les moyens de dépasser cette épreuve. En effet, lorsque les professionnels préconisent la présence du doudou, du tee-shirt porté suffisamment longtemps par la maman pour contenir son odeur (et donc également l'angoisse du bébé), le salut du parent à la vitre, tout comme l'obligation du « au revoir » ou d'arriver à tel moment de la journée, ne créent-ils pas à la place du parent des rituels de crèche, tous identiques, sorte de boîte à outils de la séparation ? Ainsi, lorsqu'une mère endort son enfant avant de l'emmener à la crèche, peut-on s'arroger le droit de la juger sur le fait qu'elle ne gère pas correctement la séparation, que sa relation est trop fusionnelle avec son enfant ? Ne peut-on pas supposer que cet acte est ritualisé par la mère et compris par l'enfant ? Non : le « bon professionnel » croit devoir réveiller l'enfant pour lui signifier que sa mère le quitte momentanément et aussi pour s'assurer que cet enfant n'est pas éventuellement dans le coma, suite, pourquoi pas, à une maltraitance parentale ! On n'est jamais trop prudent lorsqu'on est professionnel de la petite enfance !

Accompagner les parents dans tous ces tours et détours que représente la construction de leur relation affective avec leur enfant, comme celle du lien d'attachement que l'enfant met en place avec eux et aussi avec les professionnels ou d'autres enfants, cela veut dire les aider à trouver le fonctionnement qui leur convient et cela ne peut être qu'une aventure singulière pour les professionnels. Il est illusoire de penser pouvoir jouer les guides pour une « bonne séparation », car qui connaît le « bon chemin » ? Ce qui marchera pour une famille, pour un enfant, sera inefficace pour un autre. Les parents ont à construire leur histoire en s'inspirant de ce qu'eux-mêmes ont vécu et de la manière dont ils peuvent ou pas le réaménager pour leur propre enfant. Si le professionnel est bien là pour soutenir cette histoire, il ne peut y arriver qu'en laissant au parent la place principale. Son rôle est de permettre la réflexion et l'action de ce dernier et de valoriser l'ensemble des aspects relationnels mis en place avec l'enfant et ses parents. Certes, cela prend plus de temps mais cela permet au parent de prendre toute l'assurance et toute la confiance qui sont nécessaires à ses propres cheminements comme à ses errances en matière d'éducation. Ainsi, convenir avec la maman de Léo que la séparation du matin est difficile est déjà bien. Et plutôt que de construire un rituel de crèche pour Léo (dire au revoir par la fenêtre) à la place de cette maman, il vaudrait mieux parler avec elle de l'absence éventuelle de tout rituel de séparation entre elle et Léo.

Le travail pédagogique des professionnels de la crèche porte plus sur l'observation, la formulation du déroulement des situations, et la reformulation d'expériences diverses auxquels certains parents ont recours, comme des rituels personnalisés et opérants. La maman de Léa lui fait par exemple un bisou « rouge » chargé de rouge à lèvres sur la main avant de partir. Léa conserve ce bisou de maman comme une marque de son amour et cela l'aide à savoir que Maman s'en va et qu'elle va revenir à la fin de la journée pour lui faire d'autres bisous. Ces rituels permettent aux enfants d'appréhender plus sereinement ce qui va suivre, de pouvoir se le représenter, de l'insérer dans leur bibliothèque de connaissance logique du monde. Ils ne sont plus surpris du départ de Maman après le rituel, puisqu'il en est la marque. Les rituels offrent aux parents l'occasion de poser des bases d'un mode d'action moins flou pour eux et pour l'enfant, une sorte de choix ou de chemin pédagogique. Peut-être Léo a-t-il besoin de ces rituels actuellement ? Mais surtout il faut les laisser créer ensemble leur propre rituel : « Je te lis un livre et je m'en vais après », ou : « Je fais un bisou rouge [grâce au rouge à lèvres] sur ta petite main et tu gardes un peu de moi sur ta main pendant mon absence », ou encore : « Je te regarde monter et descendre le toboggan deux fois et ensuite je pars », ou bien : « Je t'accompagne pour ranger ton doudou dans le range-doudous et je te fais un dernier bisou avant de partir. »

Accompagner de paroles ces différents rituels initiés par les parents et non par les professionnels, mais repris par eux comme signification du « passage » qui permet à l'enfant de rester en ce lieu avec eux pour cette nouvelle journée est un travail difficile car forcément personnalisé pour chaque famille. Comme dans la haute couture, chaque pièce est unique et l'ouvrage est long et minutieusement cousu. Mais c'est bien là le « vrai » travail professionnel : aider à la construction du lien, y compris par l'aménagement d'espaces de transition pour offrir aux parents la possibilité de se poser, de rencontrer le professionnel, et aux enfants celle de temporiser ce départ imminent en investissant par le regard, par les gestes, par la parole, la personne qui prend le « relai » et avec laquelle il tisse jour après jour des liens d'attachement également. Cette valorisation des aspects relationnels entre parents, enfants et professionnels, cette individualisation des relations, ce partenariat avec les parents sont les éléments environnementaux favorables à l'adaptation sociale et émotionnelle de l'enfant.

Léo est assis

Victoire ! Léo tient assis. Une nouvelle position pour lui. Un champ visuel élargi qui lui ouvre de nouvelles possibilités. D'un peu plus haut, il voit un peu plus loin et peut espérer explorer un peu plus son environnement. Sur le tapis de sol de la crèche où sa maman, très fière de ce nouvel acquis, l'a déposé, Léo essaie d'attraper les objets. Celui qui l'attire est un peu loin. Il se penche en avant, tend la main, mais ses jambes trop droites tendues devant son corps ne lui fournissent pas l'équilibre nécessaire. Il penche dangereusement sur le côté et se ravise. L'objet en question reste insaisissable, la frustration l'envahit. Léo crie et pleure, capte l'attention du professionnel de la crèche qui comprend et vient s'asseoir à côté de lui. « Alors Léo, tu n'es pas content, c'est ce hochet que tu veux ? Tiens, le voilà. » Et en prime Léo a le droit à un petit câlin de consolation. La vie est belle pour lui.

Mais maintenant Léo ne veut plus du tout être allongé sur le tapis. Chaque jour il ne cesse de crier qu'à l'instant où l'adulte l'assoit. Jambes bien droites et écartées, il reste bloqué dans cette position assise. Les professionnels ont étalé des coussins dans son dos pour éviter qu'il se fasse mal en tombant en arrière. C'est déjà arrivé et Léo a eu très, très peur. Léo est de plus en plus en colère. Il est devenu plus exigeant, il réclame l'adulte en permanence. Il est dépendant de l'adulte car il ne se déplace pas. Il ne peut rien faire seul, cela l'insécurise. Parfois il tombe en arrière, semble angoissé, le désespoir le gagne et les professionnels sont bien embêtés.

Tenir assis n'est donc pas une victoire pour Léo. Il y a erreur car c'est s'asseoir qui pourrait en être une. Mais Léo ne s'assoit pas, il tient assis, comme indiqué dans son carnet de santé. Et en effet ce qui se passe ici pour Léo se rencontre fréquemment. Le fait d'être installé dans une position nouvelle qu'il n'a pas acquise par lui-même, non seulement le place dans un équilibre fort aléatoire, source d'angoisse, mais aussi le rend bien plus dépendant de l'adulte. Il ne peut aller chercher lui-même les objets qui l'intéressent. Il ne peut pas se « contenter » en partant à la découverte vers le jeu. Il est tributaire de l'adulte, à la fois source de son plaisir lorsqu'il répond favorablement à sa demande et source de son déplaisir et de sa frustration lorsqu'il ne comprend pas ou est trop occupé ailleurs. Il se construit sur ces fausses bases et ne peut avoir confiance ni en lui-même, ni dans les adultes. Il ne rampe pas, ne marche pas à quatre pattes, bloqué dans sa position assise : l'aventure n'est pas pour lui ! Installé sur le dos, il n'arrive même plus à se retourner sur le ventre tant il ne supporte plus de rester allongé. Il veut être assis. Que faire ?

Le même scénario se déroulera plus tard avec l'utilisation du trotteur dans lequel l'enfant est installé. Maintenu debout, il va utiliser ses jambes et ses pieds d'une manière peu orthodoxe pour se déplacer. Que penser de ces situations d'enfants qui ne demandent qu'à utiliser leur corps pour aller de l'avant et auxquels on se permet d'adjoindre un « déambulateur » de substitution à leur motricité qui n'est en aucun cas défaillante, juste inexpérimentée ? Que penser de ces adultes qui ne peuvent patienter jusqu'à laisser l'enfant découvrir avec l'aide d'une table, d'un meuble ou d'un mur que se mettre debout peut avoir un intérêt ? Il fut une époque où l'on installait les bébés dans des langes qui maintenaient leurs jambes bien droites afin qu'ils puissent marcher correctement par la suite. Il fut une époque où la marche à quatre pattes renvoyait trop à l'idée d'animalité pour qu'on laisse les jeunes enfants s'y adonner. Il fut une époque où on inventa le meuble « pouponnière », sorte de parc circulaire dans lequel l'enfant était maintenu debout pour marcher. Vivrait-on maintenant dans une époque où la vitesse des apprentissages exige que l'enfant ne puisse plus prendre le temps de s'asseoir et de se mettre debout au moment où cela lui est possible ?

C'est à tel point que la marche devient une conquête de l'adulte et non de l'enfant. Mis debout, ce dernier est coaché pour marcher. Tenu, bras en l'air, par l'adulte qui se penche derrière lui, il tente non pas de trouver son équilibre, car cela lui est impossible sans ses bras, mais de remuer les jambes en cadence pour avancer tel que cela lui est proposé de le faire. Où se trouve la victoire des premiers pas pour aller d'un adulte à un autre qui l'accueille bras ouverts en souriant ? Où se situe le respect du développement de l'enfant lorsqu'il est tenu ainsi, les bras en l'air comme un singe ? Il s'agit d'une erreur complète de compréhension des modes apprentissages des jeunes enfants et particulièrement de celui de la conquête motrice. Certes la marche est un apprentissage important du développement de l'enfant. Mais ce développement moteur est aujourd'hui considéré comme un système dynamique complexe et non linéaire. Il résulte à la fois d'une programmation, sorte de pré-câblages innés et intermodaux, c'est-à-dire dépendant également des différentes modalités sensorielles (visuelles, olfactives, tactiles, gustatives, auditives) et motrices et aussi des échanges entre l'enfant et son environnement. Ainsi, les acquisitions motrices ne sont pas définitives d'emblée mais se font selon un système dynamique à la fois d'alternance entre équilibre et déséquilibre, et aussi d'adaptation aux contraintes et aux perturbations. Un enfant qui est assis alors qu'il ne sait pas s'asseoir est un enfant en déséquilibre et qui doit, de plus, faire face aux contraintes de maintien pour ne pas tomber. Il subit son environnement qui le met dans une situation de désaccord total avec son « câblage » car il n'est pas encore en capacité de s'assurer. Plus l'écart entre les deux – l'environnement et le « câblage » – est important, plus l'enfant est en déséquilibre, plus cela nuit à la suite de son développement, alors qu'au contraire on pensait aller un peu plus vite en l'asseyant.

Tout doit partir de l'expérience libre de l'enfant. Par son aventure et la découverte liée à ses différents essais, il met lui-même en corrélation ses aptitudes motrices avec son environnement. Il se déséquilibre et se rééquilibre lui-même. Il régresse parfois pour mieux repartir ensuite vers une nouvelle acquisition motrice. C'est comme si chaque enfant réinventait lui-même les différentes étapes nécessaires à la marche humaine dans l'évolution, sans que jamais cela ne soit ni linéaire, ni complètement prévisible. Le rôle de l'adulte n'est donc pas de brûler des étapes que l'enfant ne pourrait alors pas découvrir et maîtriser, mais de créer l'environnement lui permettant d'expérimenter et de l'encourager par la confiance portée sur lui.

Et que constatons-nous ? Que même dans le jeu, l'adulte arrive fréquemment à mettre l'enfant dans des situations qui soit le rendent dépendant, soit l'angoissent. Les squares et jardins publics regorgent de ces adultes qui installent les enfants directement en haut du toboggan, prêts à les rattraper à l'arrivée. Angoisse : « Allez, c'est facile, aie confiance ! » ou dépendance : « Encore Papa, encore... » Pourquoi ne pas attendre ? Un jour viendra où il utilisera les escaliers qui montent au toboggan, il s'assiéra en haut et tentera la glissade, et l'adulte sera là pour les félicitations et les encouragements ! Accompagner le jeune, c'est se mettre à sa hauteur, à son niveau et donc cheminer à ses côtés, suivre ses expériences comme autant d'actions personnelles qui sont profitables à sa construction identitaire comme à son développement. C'est bien plus difficile de se mettre à la hauteur des bébés que de sans cesse vouloir qu'ils se mettent à la nôtre. Mais c'est aussi bien plus respectueux de ce qu'ils sont et bien plus pédagogique.

Emmi Pikler écrivait : « Que sait faire votre bébé ? » en 1951. Elle mentionnait déjà que le bien-être de l'enfant passe par ses activités de motricité libre. Elle avait compris que si chaque bébé est laissé libre dans son expression motrice, ils présentaient alors à peu près tous le même déroulement d'apprentissage moteur, comme une sorte de programmation humaine qu'il convenait de ne pas trahir. Elle voyait le bébé moteur de la progression de son développement global, psychomoteur, cognitif et psychique et insistait sur l'importance d'en respecter les étapes. Elle avait surtout compris que le rôle de l'adulte n'est pas d'intervenir directement sur les apprentissages de l'enfant mais d'organiser les conditions favorables à son aventure personnelle, à l'ensemble de ses explorations qui vont le conduire à faire correctement les acquisitions fondamentales. C'est aussi tout le sens du célèbre « *aide-moi à faire tout seul* » de Maria Montessori qui fera plus tard la même constatation à propos des apprentissages cognitifs des jeunes enfants.

Le rôle du professionnel de la crèche consiste donc à éviter de se faire piéger par de fausses victoires, sources de vrais désespoirs. Rallonger Léo sur le dos. Rester auprès de lui et lui raconter ce qui se passe pour lui. Comment il lui est difficile d'accepter de rester sur le dos alors qu'il y croyait, lui, à son élargissement visuel en position assise. Mais lui dire aussi que dans quelque temps il se retournera, fera quelques essais pour ramper. Peut-être même commencera-t-il par reculer avant d'avancer. Mais alors, dès ce moment, il pourra lui-même aller chercher les objets qui le tentent tant. Les professionnels de la crèche seront toujours présents pour l'encourager et le féliciter à chaque nouvelle étape.

Ensuite il se mettra sur ses genoux, à quatre pattes il ira encore plus vite et il pourra dès lors s'asseoir seul. Et de cette position assise, il saura toujours se remettre en action, il ne restera jamais bloqué. Il sera libre de ses mouvements. Elles sont là, les vraies victoires, celles qui donnent à l'enfant un peu plus d'indépendance, un peu plus de confiance en lui. Mais pour le moment, il convient de rester assis près de lui, de regagner sa confiance pour qu'il demeure allongé pour quelque temps encore et ne désespère pas. Une régression nécessaire pour mieux repartir ensuite.

Courage Léo, la vraie victoire est pour bientôt !

Léo veut un câlin

Léo tend les bras, mais personne n'est vraiment disponible pour le moment. Une professionnelle accueille les parents, l'autre change les couches d'un bébé et la troisième est partie préparer la salle d'activité. Léo râle un peu. Il veut être pris dans les bras, il veut un câlin. Et il sait à qui le demander ! La professionnelle en question lui signifie qu'elle l'a vu et qu'elle le prendra dès qu'elle aura terminé avec les parents qu'elle accueille. Léo coopère et patiente. Lorsqu'il est enfin pris par l'auxiliaire de puériculture, il se love contre elle, trouvant automatiquement sa place dans ses bras, celle du bonheur… pour lui comme pour elle, semble-t-il. Mais une autre professionnelle leur dit alors qu'il ne faut pas exagérer, qu'à la crèche on n'est pas là pour faire des câlins tout le temps, que sinon Léo perd son temps et accapare sa collègue qui a d'autres enfants dont elle doit s'occuper, qu'il doit donc aller jouer. C'est la fin du moment de bonheur pour Léo.

Certaines équipes de crèche vont plus loin et refusent de prendre les enfants dans les bras sous prétexte que cette proximité corporelle serait réservée aux parents. Même les biberons sont donnés dans des transats pour éviter tout rapprochement et faire comprendre aux enfants qu'ici ils ne sont pas « câlinés » car les professionnels ne sont pas leurs parents. Une professionnelle racontait que sa directrice l'obligeait à signifier à un enfant qui souhaitait s'asseoir sur ses genoux qu'elle n'était pas une chaise et donc qu'il ne pouvait pas s'asseoir sur elle ! De nombreux témoignages vont dans ce sens. Des formateurs qui prônent la distance professionnelle avec les enfants, des cadres qui regrettent que certains professionnels soient trop proches des enfants, des collègues qui estiment que, les enfants devant être traités sur un plan d'égalité et comme il est impossible de tous les prendre dans les bras, il vaut mieux n'en prendre aucun.

Pendant longtemps on a pensé qu'il fallait laisser les enfants pleurer, qu'ils se faisaient les poumons et que c'était en étant sévère avec eux qu'on leur permettait de se forger le caractère. Or, la recherche sur les animaux a montré que si l'on prend soin des petits, ces derniers deviennent plus solides, plus résistants au stress, plus sociables avec leurs congénères. Il en est de même pour les jeunes enfants. Une éducation bienveillante dans la petite enfance est un facteur de protection important pour l'enfant. Les neurosciences affectives doivent nous permettre de repenser nos pédagogies. En effet, Boris Cyrulnik défend l'idée que la construction d'un attachement sécure est la base de tous les développements et apprentissages de l'enfant. L'isolement affectif des enfants élevés dans certaines pouponnières européennes après la guerre et en Roumanie plus récemment a largement été observé et a montré que ces enfants présentaient des troubles du développement psychiques et physiques allant jusqu'à la mort en passant par le handicap et la maladie mentale. Si ces cas « extrêmes » sont heureusement rares, il faut tout de même envisager que les bébés qui seraient privés d'affection chaque jour passé avec les professionnels des lieux d'accueil ressentent un déficit nuisible à leur développement. Pour Boris Cyrulnik, si la mère reste le personnage principal dont le bébé a besoin pour construire son lien d'attachement, les autres personnes de son entourage sont également très importantes. Ainsi, la meilleure garantie pour l'enfant est, selon lui, un système à attachements multiples. Cela revient à dire qu'une « *constellation de personnes dont l'étoile maternelle serait la plus brillante* » offrirait au bébé de plus nombreuses possibilités de se sécuriser et de développer un attachement sécure, tout en observant des différences intéressantes pour lui dans la mesure où cela lui ouvre le champ de l'altérité, c'est-à-dire lui permet de comprendre l'existence de l'Autre. Or, un bébé ne peut s'attacher qu'à des personnes avec lesquelles cela lui semble possible. Celles qui l'inspirent, celles qui s'intéressent à lui et lui semblent sécurisantes, bref celles dont les regards, les gestes et les paroles sont empreints de tendresse et de proximité affective, comme cela est inscrit dans notre culture, dans nos gènes. Tout petit, le bébé sait ce qui est agréable et bon pour lui. Il n'attend qu'un signe des personnes qui s'occupent de lui pour aller vers elles. Chaque bébé est donc en droit d'attendre des gestes d'affection de la part de l'ensemble des personnes qui prennent part à son accueil et à son éducation. Croire qu'il ne faudrait pas prendre un bébé dans les bras lorsqu'il pleure parce que ce serait une mauvaise habitude pour lui est aujourd'hui largement invalidé par de nombreuses expériences qui, au contraire, montrent que les bébés bien calmés dans les premiers mois de vie étaient ceux qui ensuite pleuraient le moins.

Pierre Bustany[17], neurophysiologiste et expert en neuro-imagerie, explique que la découverte des neurones miroirs par le professeur Giacomo Rizzolatti en 1996 a permis de valider cette idée que des pédopsychiatres et psychologues défendaient déjà depuis longtemps, celle de l'activation des connexions cérébrales de l'enfant en fonction de ce qu'il ressent de l'autre. La découverte de ces neurones miroirs explique la manière dont l'enfant se projette dans l'esprit de l'autre pour comprendre son fonctionnement : c'est aussi ce qu'on appelle la théorie de l'esprit. L'existence de ces neurones miroirs permet l'installation de la capacité d'empathie envers l'autre. Ils sont fonctionnels dès la naissance et le bébé ne les contrôle pas avant quatre ou cinq ans. Il est donc très sensible aux gestes et à la communication non verbale qui lui sont adressés et ne peut s'y soustraire. Cela lui permet de construire dans son cerveau sa propre bibliothèque de sensibilité, d'humanité, de sécurité affective, et de capacité à créer du lien. En gros, il apprend en imitant, y compris pour ce qui concerne les émotions et les ressentis. Lorsque le bébé vit des moments agréables, en

17. Pierre Bustany, « Notre cerveau est social », *in Votre cerveau n'a pas fini de vous étonner*, Paris, Albin Michel, 2012, p. 79 à 99.

synchronie avec la personne qui prend soin de lui, les neurones miroirs s'activent dans une sorte de résonance empathique lui permettant de vivre les émotions de l'autre, de les comprendre, de les emmagasiner dans son cerveau pour à nouveau les utiliser ultérieurement. Un bébé porté, caressé, embrassé, câliné est un bébé à qui nous transmettons la tendresse et qui apprend de ce fait la tendresse, car les émotions sont contagieuses. À l'inverse, un bébé ressent automatiquement le stress des personnes qui s'occupent de lui et leurs énervements ou leurs colères entraînent chez lui les mêmes émotions. Le pire étant le rejet qui annihile alors purement et simplement le développement du cerveau de l'enfant et ses capacités d'apprentissage. Rejeter un bébé qui viendrait nous demander un peu de tendresse revient à créer les conditions de la fermeture de son esprit et des dégâts dans son cerveau.

Par ailleurs, Pierre Bustany[18] et d'autres personnes comme Catherine Gueguen[19] ou Blaise Pierrehumbert[20] expliquent que l'ocytocine est l'hormone de l'attachement, du bien-être, de la vie sociale et amoureuse. On savait depuis longtemps que cette hormone, sécrétée par l'hypophyse, permet d'accélérer les accouchements. Mais on a découvert récemment que l'ocytocine est synthétisée par des neurones et qu'elle agit sur différents organes, dont le cerveau. Elle est l'hormone qui régit les comportements émotionnels et sociaux, celle du lien affectif. En effet, l'ocytocine entraîne la sécrétion d'autres molécules participant à l'activation des circuits du plaisir et de la récompense, de l'humeur et du bonheur d'être ensemble. Elle favorise donc le rapprochement entre les personnes, l'amour entre les enfants et leurs parents ou leurs « *care-givers* » (ceux qui s'occupent d'eux) et entraîne une

18. www.boris-cyrulnik-ipe.fr

19. Catherine Gueguen, *Pour une enfance heureuse, Repenser l'éducation à la lumière des dernières découvertes sur le cerveau*, Paris, Robert Laffont, 2014.

20. Blaise Pierrehumbert, Anna Brytek-Matera, Raffaella Torrisi, « Le stress : ocytocine et attachement », *in Sciences et Psy* N° 1, novembre 2014-janvier 2015, p. 60-64.

diminution du stress par baisse de la sécrétion de cortisol. À l'inverse, lorsque l'enfant est stressé, qu'il a peur ou qu'il est malheureux, son taux de cortisol augmente et inonde son cerveau. Si ce taux reste élevé trop longtemps ou trop souvent cela finit par léser ses neurones, ce qui impacte de fait ses capacités d'apprentissage. L'ocytocine est, elle, sécrétée par l'enfant comme par l'adulte lors de toute stimulation sensorielle douce : lors de la tétée, à l'écoute de mots doux, lors des baisers et des caresses. Ainsi, Pierre Bustany explique qu'en caressant la peau d'un enfant, on permet la libération de trois fois plus d'ocytocine, car la peau est un organe extrêmement sensible. Lorsque l'enfant reçoit des caresses, cela favorise son bien-être et l'ensemble de ses capacités relationnelles ainsi que la mise en place de son lien affectif, si nécessaire à sa sécurité. Avoir une proximité physique et faire un câlin à un petit, lui caresser les joues, les bras, l'embrasser sont des actes relevant non seulement des relations parents/enfant, mais sont aussi des actes professionnels pour les personnes qui s'occupent des jeunes enfants. Car cela apporte ce sentiment de bien-être et de confiance en l'autre dont le jeune enfant a besoin pour grandir.

Dans une éducation qui doit permettre aux plus petits de poser les bases d'un développement optimal, nous ne pouvons pas rester insensibles à ces dernières découvertes scientifiques. Nous ne pouvons accepter que certains imposent aux professionnels des crèches des restrictions des gestes d'affection qu'ils développent quasi naturellement lorsqu'ils sont en « accordage » avec les enfants, et ce pour des prétextes qui ne sont pas valables. Prendre un enfant dans ses bras, le câliner, le consoler, l'embrasser sont de vrais gestes professionnels, à partir du moment où ils sont toujours la réponse attendue à une demande de l'enfant et marquent le fait qu'ils sont aimés ! La meilleure attitude professionnelle est sans aucun doute celle qui consiste à se montrer disponible à tout câlin envers l'enfant, sans jamais être ni intrusif, ni distant. En effet, il n'est pas question de devancer l'appel d'un enfant ou de se faire plaisir en prenant un enfant dans les bras juste parce qu'on en ressent l'envie ou le besoin alors que l'enfant n'a rien demandé. Car c'est bien la demande de l'enfant qu'il faut prendre en considération afin d'y répondre au mieux. Mais comment pouvons-nous laisser croire qu'une interdiction de câlins ou de bisous puisse être une réponse adaptée si, dans notre société, ce sont justement culturellement les signes qui marquent l'affection adressée aux enfants ? Et, au contraire, ce sont bien la privation d'affection ou le rejet affectif qui sont néfastes au développement de l'enfant.

Léo veut sa sucette

Pleurs, cris, une vraie colère résultant d'une grosse frustration : Léo veut sa sucette ! Il réclame à cor et à cri sa tétine chérie. Mais l'accueillante lui dit non car ses parents ne le veulent pas. Ils ont expressément demandé que la sucette reste dans le lit afin que Léo ne l'ait que pour dormir. Pourtant, rien n'y fait, ni le câlin qu'elle lui propose, ni les jeux qu'elle lui présente : Léo se roule par terre et hurle qu'il veut sa sucette, mettant à mal les oreilles de tous les adultes et enfants présents.

Que faire ? Les professionnels sont partagés. D'une part, Léo semble avoir besoin de cette sucette et commence à sérieusement détériorer l'ambiance de la crèche. Les pleurs sont contagieux. Les plus jeunes pleurent lorsqu'ils entendent crier ou pleurer d'autres enfants car ils peuvent confondre les ressentis des autres avec les leurs, la faute encore aux neurones miroirs. Ceux qui comprennent que la détresse de Léo n'est pas la leur cherchent à le consoler, en lui apportant son doudou ou en le conduisant à un adulte. Mais Léo ne veut ni l'un ni l'autre, il veut sa sucette. Les plus grands comprennent ce qui se passe pour Léo et essaient de lui apporter une aide efficace. Ils lui proposent des jeux qu'il refuse, essaient de lui parler, en vain. L'un d'eux va même chiper la sucette d'un autre enfant pour l'offrir à Léo, mais là, c'est l'accueillante qui intervient et rend cette sucette à son propriétaire : les cris de Léo redoublent !

Comment contenir la colère de cet enfant alors que les professionnels savent que le ressourcement et l'apaisement que la sucette lui offre sont inhérents à sa situation de petit enfant. S'il avait sucé ses doigts, ses parents n'auraient pas pu les lui enlever…

Ce sont eux qui lui ont donné cette sucette et, maintenant qu'elle lui est indispensable, ils souhaitent en réguler l'utilisation ; ne sont-ils pas un peu pervers ? Les accueillants sont convaincus que Léo a besoin de sucette. Ils savent que si le besoin de sucer a mis du temps à faire partie des plaisirs permis à l'enfant, l'objet sucette reste pour certains adultes une « mauvaise habitude » qu'ils tentent de diminuer ou de supprimer. Peu d'entre eux pourtant connaissent l'histoire de cette sucette et savent qu'une loi du 6 avril 1910 interdisait la vente et la fabrication de sucettes en caoutchouc accusées, à l'époque, d'être dangereuses du point de vue des risques sanitaires qu'elles faisaient prendre à l'enfant : porteuses de microbes et donc d'infections, cause d'aérophagie car les enfants avalaient de l'air, accentuation de la fatigue liée à une succion prolongée, déformation de la mâchoire, mort par risque d'étouffement... La liste de ses méfaits était bien longue à l'époque. Il faudra attendre les années 1980 pour la voir apparaître dans les pharmacies et les rayons de puériculture. Aujourd'hui les professionnels sont unanimes pour voir dans la sucette un objet de plaisir et de détente du bébé.

Mais pour les parents, une question subsiste : comment vont-ils faire pour que leur enfant se débarrasse enfin de cette sucette ? Alors que les professionnels estiment que, s'il faut bien que Léo perde cette habitude avant d'aller à l'école, pour le moment, c'est le temps de la crèche : Léo est encore petit, il souffre, pleure, fait beaucoup de bruit et les professionnels se sentent impuissants à le soulager sans passer outre la demande de ses parents. Pire encore, ces derniers ne se déchargent-ils pas de cette difficile « corvée » sur les professionnels : faire cesser ou diminuer l'usage de sa sucette chez Léo, alors qu'ils n'y arrivent pas, eux ? L'accueillante peste donc contre ces parents qui ne comprennent pas à quel point la satisfaction du besoin primaire de succion est une priorité pour Léo. Pour elle, satisfaire la demande parentale revient à laisser de côté ses propres principes éducatifs et ce qu'elle sait du bébé. Doit-elle renoncer à ce que l'équipe a écrit dans le projet d'accueil de la crèche : « La satisfaction des besoins de l'enfant à la crèche est une priorité » ? Ou au contraire passer outre un autre principe : « Respecter la place et le rôle des parents » ? Les injonctions semblent ici paradoxales.

Quelle est la vraie demande des parents ? Être rassurés sur le fait que les activités proposées à la crèche sont tellement intéressantes pour le développement de leur fils qu'il ne pensera pas à sa sucette, réservée à des temps de moindre activité ? Être aidés dans la difficile tâche de faire grandir leur enfant ? Car ils savent que pour cela il lui faut laisser de côté cette sucette, afin d'utiliser sa bouche autrement et passer au langage verbal. Être reconnus comme parents, au-delà de leur absence, en voyant leur demande prise en compte même si elle va à l'encontre des choix pédagogiques de l'équipe ? Difficile de le savoir. Mais ce qui est sûr, c'est que les savoirs professionnels se heurtent ici aux demandes et aux savoirs parentaux. Souvent, quand l'équipe est en difficulté, elle n'a pas suffisamment confiance en ses propres ressources pour trouver les solutions. Elle a dû laisser de côté son rôle d'autrefois qu'elle jugeait plus valorisant, celui de guide et de conseils auprès des parents. Aujourd'hui lui est demandé d'accompagner chaque famille différemment, au plus près de la diversité des accueils et en laissant une place aux parents, y compris à propos de leurs choix éducatifs. Mais les professionnels n'ont toutefois pas acquis la formation qui aurait pu leur donner les moyens de le faire. Leur formation reste ancrée dans la relation d'aide, de conseil, de guidance parentale, sous couvert de soutien à la parentalité.

Cette situation met les professionnels en difficulté car ils ont du mal à percevoir la richesse d'un travail différent qui consiste à prendre, sans arrière-pensée, le chemin choisi par les parents, à discuter et organiser avec eux les pratiques éducatives qu'ils souhaitent pour leur enfant. Il faudrait pouvoir expliquer à Léo à quel point ce choix de ses parents peut lui être favorable dans la mesure où il va pouvoir faire d'autres découvertes avec sa bouche, par exemple crier comme il le fait actuellement. Il faudrait aussi pouvoir lui indiquer que l'on ne manquera pas de dire à ses parents le soir sa colère, sa douleur liée à cette frustration et aussi comment il aura su être fort et la surmonter. En fait, il est nécessaire pour tous ces professionnels d'être convaincus que le choix des parents est forcément le « bon » pour leur enfant. Encore une fois cette pédagogie de la confiance va aider l'enfant bien au-delà de la simple frustration qu'il rencontre aujourd'hui.

Cela demande de laisser de côté les années d'études et de pratique de « bonne puériculture » pour passer à un travail d'accueillant et d'éducateur capable, tel un caméléon, de prendre la « couleur » de chaque famille. Or, comme le bébé est lui-même ce caméléon né, il va lui aussi percevoir cet accord entre parent et professionnel et cela va le rassurer. C'est aussi une forme de bienveillance autour de cet enfant. Cela lui donne les moyens de contrôler son émotion. Non pas en lui disant de se calmer ou de faire un effort. Cela ne servirait à rien et ne ferait que l'accabler encore plus. Mais en lui exprimant notre compréhension face à ce nouveau défi qu'il doit relever et toute l'aide que nous souhaitons lui apporter : un câlin, une chanson, un livre, les jeux qu'il préfère, ou peut-être souhaite-t-il qu'on le laisse exprimer toute sa colère avant de revenir vers nous. Bref, il faut absolument qu'il comprenne que les professionnels sont là pour lui et ont confiance en lui. Cela leur demande beaucoup d'humilité, un grand professionnalisme, mais aussi un travail constant de réflexion personnalisée à l'égard de chaque famille, de réajustements permanents. Ils ont aussi besoin de lieux de soutien et d'échange entre professionnels et avec les parents. Car ces parents peuvent aussi changer d'idée et demander, dans quelques mois, que Léo ait de nouveau sa sucette sur lui, en permanence, car ils le trouvent nerveux, trop excité ou parce qu'il s'est mis à mordre. À ce moment-là, il faudra être capable de leur dire qu'ils ont raison, que la sucette, objet de paix, le calme et que c'était bien d'avoir tenté de la laisser dans le lit. Sans doute essaieront-ils de nouveau de la lui retirer un peu plus tard. Charge aux professionnels de comprendre qu'il ne s'agit pas forcément d'un revirement de leur part, mais bien de la prise en considération d'un seul acteur : Léo !

Léo est fatigué

Léo n'en peut plus, il se traîne à la crèche, son doudou accroché au bout du bras. Il se couche au sol, râle dès qu'un autre enfant s'approche de lui, ne joue pas. L'accueillante de la crèche lui propose d'aller se coucher : pleurs et protestations de sa part. Elle attend un peu mais, ne voyant aucun changement dans le comportement de Léo, décide de l'installer dans son lit. Après un petit moment passé à crier, il s'endort enfin. « Il est crevé, cet enfant ! » dit-elle à ses collègues. Et c'est vrai, Léo n'en peut plus, cela fait six mois qu'il vient à la crèche du lundi au vendredi pendant neuf ou dix heures par jour, voire onze heures le jeudi, le jour où ses parents travaillent le plus longtemps. L'ambiance bruyante de cette crèche, collectivité active et vivante, les journées bien rythmées, les petites maladies de son âge, les poussées dentaires qui perturbent son sommeil, et le voilà sans force à la fin de l'hiver ! Comme beaucoup d'enfants allant à la crèche, Léo est très fatigué.

Toute l'équipe pense qu'il a besoin de vacances, de repos, de changer d'air, qu'il lui faudrait quitter un peu la crèche, changer de rythme, se reposer avec ses parents. Seulement voilà, comment le leur dire ? Ils semblent très investis dans leur travail, ne parlent ni de congés, ni de week-ends prolongés, en tout cas pas avec Léo ! Peut-on leur dire que la crèche, pour lui, c'est aussi fatigant que le travail pour eux, alors que justement ils pensent que Léo joue et profite de ses journées ? Peut-on leur dire sans les culpabiliser qu'il est encore petit et qu'il aimerait peut-être passer un peu plus de temps avec ses parents ? En fait, où se situe le travail d'accompagnement des accueillants ? D'un côté, l'observation professionnelle permet de faire le constat de la difficulté de cet enfant. De l'autre, comment ne pas être jugeant, culpabilisant, guidant de ces parents qui semblent ne pas voir la fatigue de leur enfant ? Leur dire : « Léo aurait besoin de vacances ! » serait sans doute un trop peu abrupt ! De quel droit les professionnels sont-ils en situation de prescrire ce qui leur semble être le mieux pour cet enfant ? Du fait qu'ils sont justement professionnels et qu'ils savent ce qu'il y a de mieux pour lui, en l'occurrence du repos à la maison ? Est-ce ici l'intérêt de l'enfant, brandi tel un étendard, qui les pousse à agir ? Mais à bien y réfléchir, cet intérêt suprême se trouve tout autant pris en compte par des parents qui pensent que leur enfant est bien à la crèche, que c'est ce qui lui convient le mieux, que justement la famille a eu bien de la chance d'obtenir cette place et qu'ils doivent en profiter ! En effet, on leur avait annoncé à l'entrée que le projet pédagogique de la crèche s'appuyait sur le rythme individuel veille-sommeil de l'enfant. Que Léo pourrait dormir autant qu'il en aurait besoin dans cette petite chambre de cinq lits seulement. Le repos de chaque enfant était une priorité pour les accueillants. Le grand bonheur, en somme.

Paradoxe, contradiction, fausse annonce ? Que se passe-t-il ?

D'un côté, l'écart entre le projet éducatif proposé par l'équipe et la réalité dans la structure d'accueil est fréquent. Ce projet, obligation réglementaire, reste souvent vague et empile de nombreux consensus et concepts un peu mous. Il s'avère vide de sens réel et n'est que rarement opérationnel. Il est ainsi vite oublié dans un tiroir. Respecter le rythme de l'enfant, répondre à ses besoins, individualiser l'accueil, favoriser les échanges, inciter à l'autonomie sont des termes fréquemment employés mais on ne sait pas réellement ce qu'ils veulent dire, ce qu'il y a derrière. Il est rare que les équipes de crèches soient en capacité de se doter d'un vrai projet pédagogique qui décrirait le cheminement choisi pour atteindre des objectifs réalisables et clairement énoncés. Tout est toujours bien trop abstrait, souvent mal formulé, voire contradictoire. Dans ce flou, chaque accueillant procède comme il peut, comme il sent, sans posséder lui-même les clés, sans se poser les bonnes questions. Si cet enfant est fatigué, pourquoi ne se repose-t-il pas suffisamment à la crèche ? N'arrive-t-il pas à dormir ? Est-il réveillé par les autres ? Le type de lit et son emplacement lui conviennent-ils ? À quel moment est-il couché ? Demande-t-il la présence d'un adulte pour s'endormir ?, etc. Alors, l'équipe se retourne vers les parents au lieu de se donner les moyens de penser à la situation de fatigue de Léo, à ce qu'il vit dans la collectivité, à son rythme veille-sommeil à la crèche, à son besoin de repos dans la journée, à la qualité réelle de son sommeil. En lieu et place de toute cette réflexion, l'origine du problème de Léo tout comme la solution toute trouvée, toute donnée, sont regardées et renvoyées du côté des parents. De trop grandes journées, pas de garde à la maison pendant les maladies, pas de vacances : « Ils sont fous, ils vont le tuer ! » Ce ne sont pas de bons parents, ils se déchargent sur la collectivité !

Regardons la situation de Léo de plus près, reprenons le fil du déroulement de ses journées, de ses épisodes de maladie, de son comportement, de ses temps d'alternance veille-sommeil, de son mode d'endormissement, de ses signes de fatigue. Observons Léo, ce qu'il a à nous dire de son état et trouvons les moyens d'organiser ses journées en fonction de sa grosse fatigue. Mais surtout, partageons avec ses parents ce que nous observons de lui et ce que nous faisons pour lui à la crèche. Nos essais pour lui proposer de dormir plus longtemps, ou plus au calme, ou plus rapidement, l'aménagement que nous modifions pour qu'il puisse se reposer dans un coin « coussins, doudou », espace de ressourcement possible pour lui, les activités de détente que nous organisons, la musique douce que nous mettons lorsque nous sentons qu'il est prêt à se laisser aller, les bercements de nos bras qui lui sont tout ouverts. Partageons avec ses parents nos actions envers Léo qui sont importantes en ce moment de fatigue qu'il rencontre, afin qu'ils sachent combien leur enfant est considéré, écouté, regardé et entouré à la crèche. Sa fatigue est notre fatigue également, mais ne nous laissons pas envahir par nos ressentis qui pourraient nous faire dériver vers des coupables tout trouvés : les parents ! Il ne sert à rien de leur dire que leur enfant est fatigué si nous ne leur indiquons pas ce que nous faisons pour l'aider à surmonter cette fatigue, car nous sommes les accueillants, car la crèche est le lieu où réside cet enfant la majeure partie de sa journée et qu'enfin nous avons le devoir de l'aider à surmonter cette période difficile pour lui. La crèche n'est pas un lieu de travail pour l'enfant, elle ne l'est que pour les professionnels. Pour l'enfant elle est un autre lieu de résidence, une autre maison que celle dans laquelle il vit avec ses parents. Il ne faut pas l'oublier afin de construire pour lui et les autres enfants un projet pédagogique qui intègre les notions de rythmes individuels d'alternance veille-sommeil, mises en relation avec celles liées à la vie collective, et qui décrive les moyens pour trouver les équilibres nécessaires et toujours précaires, lorsqu'ils s'agit de jeunes enfants.

Il ne sert à rien d'annoncer comme un slogan publicitaire que l'équipe de la crèche s'occupe de tout, a pensé à tout, que l'organisation est prévue de sorte que chaque enfant y ait une place et puisse grandir à son rythme (lequel ?) si c'est pour renvoyer vers les parents le problème dès qu'il se présente. Réfléchissons, organisons, réglons ce qui peut être réglé à la crèche ou avouons notre impuissance quand nous n'aurons plus d'idée et que rien n'aura marché, car ce qui est primordial, c'est d'agir et de dire aux parents ce que nous faisons, pas ce que les parents doivent faire ! C'est aussi ainsi que les parents auront confiance en nous, dans nos réussites comme dans nos échecs. Un enfant fatigué est un enfant dont nous devons nous occuper, sans jamais chercher à rejeter la faute sur qui que ce soit, mais en trouvant en les parents de réels partenaires.

Léo s'est fait mordre

Ce matin, au cours des jeux, Léo s'est fait mordre au bras par un enfant. Et croc ! La trace des dents d'un autre s'est inscrite dans sa peau, devenue rouge, gonflée, douloureuse. Léo a beaucoup pleuré. L'auxiliaire de puériculture l'a consolé, a appliqué de la pommade sur son bras, lui a donné son doudou comme lot de consolation et a convenu avec lui de sa douleur. Léo, soigné et consolé, s'est calmé, mais la marque de morsure est restée. Et l'équipe est tout autant tendue que la peau du bras de Léo ! En effet, ce n'est pas la première morsure qu'il subit et déjà son papa avait été assez fâché précédemment. Comment va-t-il réagir ce soir ? La directrice de la crèche est prévenue, elle décide d'informer le parent elle-même. Léger soulagement pour le reste de l'équipe.

La morsure est fréquente en crèche tant l'utilisation de la bouche, comme troisième main, est privilégiée par le jeune enfant pour découvrir le monde, les personnes et les objets, mais aussi pour dévorer et détruire. Les frustrations, qui peuvent être nombreuses en crèche, conduisent parfois certains enfants à réagir d'une manière agressive. Les jeux sont souvent l'occasion de bousculade et de conflit de territoire, comme d'excitation affectueuse. La rencontre de l'autre se fait tout autant de façon positive que négative. La richesse des interactions entre les jeunes enfants est immense : imitation, coopération, construction de jeux, sollicitation, empathie, mais aussi conflit, rivalité, agressivité. Il n'y a aucune raison pour que le jeune enfant soit épargné de cela et particulièrement à cet âge de la vie où les lois humaines, en particulier les interdits comme celui de ne pas faire de mal ni à autrui ni à soi-même, sont en cours d'apprentissage et d'intériorisation. En effet, si l'empathie est une fonctionnalité présente dès la naissance et qui sans doute a été sélectionnée dans l'évolution humaine parce qu'elle procure un avantage sélectif pour les soins aux enfants nécessaires à leur survie, elle n'est pas forcément fonctionnelle à la naissance. Ce sont les interactions sociales qui vont permettre sa mise en route et son façonnage selon les enfants et l'environnement dans lequel ils vivent[21]. La qualité des premières interactions sociales est capitale pour que les enfants apprennent à réguler leurs états affectifs et émotionnels. On sait aujourd'hui que le bébé est capable dès la naissance de distinguer ses propres actions de celles des autres, il sait ce qui vient de son corps et fait la différence avec ce qui vient du corps de l'autre. La morsure est donc tout autant un acte d'attaque, de défense ou d'amour. Cela ne veut absolument pas dire que l'enfant mordeur soit mauvais ; d'ailleurs seul son acte est répréhensible. Mais cela veut dire qu'il doit encore apprendre à contrôler ses émotions, à résister au stress et à devenir plus sociable et plus généreux envers autrui.

Or, plus l'enfant bénéficie de relations sécures avec ses figures d'attachement, plus il est « choyé », plus il est capable de faire preuve d'empathie. Il ne sert donc à rien de stigmatiser ou de gronder, l'enfant mordeur, bien au contraire, c'est d'une attention bienveillante dont il a besoin et qu'il faut lui fournir. Sans évidemment lui laisser « tout faire » et sans applaudir des deux mains à cette morsure, il convient de consoler tout autant l'enfant mordu que de s'occuper sur le plan affectif de l'enfant mordeur. Plus le lien affectif sera solide entre l'enfant et les personnes qui s'occupent de lui, plus il sera en capacité de se constituer une vision empathique des relations humaines.

Les professionnels de l'accueil savent cela, comme ils savent aussi que la violence suscite chez chacun des réactions et des

21. Jean Decety, « Penser autrement l'empathie : l'apport des neurosciences sociales », *in Sciences Psy* N° 1, novembre 2014-janvier 2015, p. 52-59.

émotions fortes. Ils sont eux-mêmes capables d'empathie et plus fortement encore puisqu'ils ont choisi ce métier : prendre soin et éduquer de très jeunes enfants. Cela signifie qu'ils sont, encore plus que d'autres, capables de partager l'état émotionnel des jeunes enfants, qu'ils sont motivés pour prendre soin d'eux et qu'ils les comprennent en adoptant leur perspective. Ainsi, ils ont généralement appris à garder leur calme, à réagir sans violence, à verbaliser les situations même lorsqu'elles sont répétitives et peuvent devenir exaspérantes. Dans les cas difficiles, les professionnels peuvent se passer le relai et aller prendre un café, plaisanter dans la salle de repos, prendre du recul sur la situation. Mais pour les parents cela est différent. Qu'ils soient parents d'enfants ayant mordu ou ayant été mordus, leurs réactions peuvent être violentes. Car ces parents, dont le rôle fondamental est de protéger l'enfant, continuent d'assurer pleinement sa protection, lorsqu'ils le confient aux professionnels de la crèche. Malgré toute la confiance qu'ils semblent accorder aux accueillants, la grande question demeure toujours : « comment mon enfant est-il traité en mon absence ? », « S'il est mordu, peut-être n'est-il pas si bien entouré, peut-être n'est-il pas protégé convenablement ? » La culpabilité s'installe vite, elle envahit parents et professionnels dont les compétences sont de ce fait mises en doute. Pourquoi ne sont-ils pas intervenus à temps ? Pourquoi n'ont-ils rien vu ? Ils sont pourtant assez nombreux ! Cette culpabilité est comme un cancer qui se propage à pas de loup.

Les professionnels se comportent alors comme des enfants pris en défaut. Ils comptent sur la protection de leur directrice. Elle expliquera au papa, elle trouvera les mots et aura l'autorité nécessaire pour faire retomber la pression et la violence paternelle. Non, son équipe n'est pas coupable d'un manque de surveillance : la morsure se passe très vite. Oui, l'enfant mordeur a été repris et il lui a été signifié que son acte est interdit, mais vous savez les jeunes enfants ont besoin de temps pour apprendre à réguler leurs émotions et à se comporter autrement. Non, il n'a pas été mordu en retour car sinon il s'agirait d'un mode d'éducation centré sur la loi du plus fort, la violence et le dressage. Oui, l'enfant mordu a été consolé, sa douleur a été prise en considération, il a été soigné et ses pleurs n'ont pas duré. Certes, c'est la deuxième fois que cela arrive à Léo et la directrice comprend la colère du papa, mais il doit aussi comprendre que tous les professionnels font leur possible pour que cela n'arrive pas trop souvent. Est-elle désolée ? Va-t-elle présenter des excuses au nom de l'équipe ? Qui est coupable ? Si faute il y a, elle ne se situe pas à l'endroit supposé. Outre le fait que les enfants interagissent toujours d'une manière plus ou moins positive, le travail des professionnels consiste surtout à organiser l'accueil de manière à favoriser les interactions positives et à limiter les négatives. Certes, le nombre d'enfants est un facteur non négligeable : plus ils sont nombreux, plus les occasions sont fréquentes de créer chahut et conflits. Mais si les professionnels proposent des activités intéressantes mobilisatrices de l'attention des enfants, ils détournent d'autant leur agressivité vers le jeu : démolir et reconstruire, exercer sa motricité, manipuler des matières différentes et malléables, taper sur des établis, malmener des poupées… S'ils veillent à proposer des objets, des accessoires de jeu en quantité suffisamment grande, ils diminuent les risques d'appropriation à un âge où le prêter-rendre est inconcevable pas plus que l'idée d'attendre son tour. S'ils réfléchissent correctement à l'aménagement du lieu d'accueil, ils trouveront assurément les moyens de diminuer les interdits qui génèrent les frustrations. S'ils organisent les différents temps de manière à éviter les moments d'attente, les regroupements, ils diminuent les contraintes et favorisent la fluidité, moins anxiogène, dans laquelle chacun trouve une place correspondant à ses préoccupations.

Il n'est pas possible de dire seulement : Léo a été mordu, son papa est fâché, peines et douleurs communes sont reconnues, nous sommes désolés ! Pour les professionnels, il est grand temps de reconnaître que la morsure est, aussi, un problème de crèche et pas seulement d'enfant. Il est normal que les parents renvoient les professionnels à leurs responsabilités. Mais le risque zéro n'étant pas de mise, autant anticiper les réactions parentales en les associant à la vie collective, au projet éducatif, aux réflexions pédagogiques et aux différents choix des équipes. Où placer le matériel de motricité pour qu'à tout instant l'enfant puisse y vider son trop-plein d'énergie ? Comment échelonner les repas pour que certains jouent alors que d'autres mangent ? Doit-on prévoir un « objet punching-ball » dédié à recevoir les pulsions agressives des enfants, une bête à taper, ou au contraire faire le choix de grosses peluches toutes douces qui peuvent tout endurer mais aussi recevoir et donner de l'affection aux enfants, un gros et gentil lion par exemple : qui mange qui ? Doit-on laisser la sucette dans les bouches qui, si elles peuvent mordre, peuvent aussi rire, chanter et parler ?

Toutes ces questions sont affaire de point de vue, et celui des professionnels a autant de valeur que celui de parents. C'est peut-être un peu plus long mais la participation parentale à ce débat est avantageuse. Elle peut permettre aux parents de prendre conscience de ce en quoi consiste l'accueil éducatif des jeunes enfants, l'utilisation d'une pédagogie prévenante, attentionnée, respectueuse de ce qu'ils sont : des êtres humains en développement qui ont à prendre le temps d'expérimenter et d'intégrer les relations sociales, la gestion de leur stress et de leurs émotions. Car éduquer n'est pas si simple. Alors autant être plusieurs pour s'assurer de bien le faire !

Léo bouge

À la crèche qui accueille Léo, les enfants ont la chance de bénéficier d'une salle de motricité. Une structure de motricité, belle et très attractive, y est collée contre un mur. D'un côté, une tour et cinq-six marches à gravir vers une esplanade ou mezzanine qui donne sur un pont de singe dont la traversée permet d'arriver à une seconde tour ouvrant sur un toboggan. C'est un itinéraire, un parcours : escalade, traversée, glissade, arrivée sur un tapis de réception et l'enfant repart. Le problème réside dans le fait qu'il y a toujours un enfant qui décide de monter par la rampe du toboggan et un autre qui souhaite descendre les escaliers. Ils rencontrent donc systématiquement ceux qui utilisent le « bon » sens de circulation ! Les professionnels de la crèche interviennent aussitôt pour rappeler les règles de fonctionnement de cette structure. L'un d'eux campe auprès de la rampe, aide la descente des enfants peu assurés et interdit la montée aux enfants trop téméraires. La directrice explique qu'il est important que les plates-formes ne soient pas trop larges afin que peu d'enfants puissent s'y trouver en même temps. Ils ne doivent pas s'agglutiner, mais passer afin d'éviter que ce lieu ne se transforme en « ring de boxe », d'autant plus si les adultes n'accèdent pas à la plate-forme et ne peuvent ainsi pas venir chercher les enfants en difficulté.

Finalement, l'utilisation de cette structure de motricité est très réglementée par les adultes. D'ailleurs, elle ne peut pas être accessible aux enfants en permanence. Il faut qu'un professionnel soit disponible pour assurer leur sécurité, alors la salle reste souvent fermée. Mais dès que la porte s'ouvre, c'est la ruée vers ce jeu. Cris de joie, bousculades et pleurs ! La salle devient cour de récréation dans laquelle les enfants s'excitent en prenant part à une activité motrice bien trop longtemps refrénée. Car si les jeux et équipements qui offrent la possibilité aux jeunes enfants d'exprimer leur énergie motrice sont indispensables, on peut convenir que leur limitation dans le temps est, elle, bien dommage. En effet, le mouvement est l'essentiel de l'expérimentation du jeune enfant qui découvre son environnement en se mouvant et en associant cette activité motrice à l'ensemble de ses capacités sensorielles. Ce que Jean Piaget appelait la phase sensori-motrice du jeune enfant. Mais l'on sait aussi depuis, grâce aux travaux d'Alain Legendre et d'Anne-Marie Fontaine sur les espaces ludiques des jeunes enfants, que les jeux moteurs sont également les meilleurs supports d'échanges positifs et d'apprentissages relationnels entre les enfants. Ils sont souvent plus importants que les jeux de manipulation et d'imitation dans le développement non seulement de la motricité mais aussi de l'intelligence et des interactions sociales des jeunes enfants, dans le sens où ils favorisent plus les interactions positives. Lors des activités motrices, les jeunes enfants se poursuivent, s'attendent, inventent des parcours en tous sens, se cachent, se cherchent, se retrouvent à des niveaux différents. Très mobiles, ils sont alors très remarquables par les autres, qui les imitent alors. Ils se rejoignent en haut, en bas, en dessous, au-dessus, se rapprochent et s'éloignent à nouveau, avant de se chercher pour se rapprocher. Ils inventent leurs propres jeux, leurs propres règles, et échangent régulièrement les rôles. Les modifications de niveaux permettent cette mobilité et donnent à l'enfant la possibilité d'appréhender les différentes dimensions spatiales, l'aidant ainsi à la construction de son schéma corporel et de ses rapports corporels et spatiaux avec les autres enfants.

Alors comment accepter que cette salle de motricité ne soit pas laissée aux expérimentations enfantines de manière permanente ? Sans doute par le seul fait d'une éducation implicite qui a pris toute la place dans notre esprit et qui est la seule dont nous

nous souvenons, celle de l'école et de son alternance entre temps studieux, calmes et temps de récréation ou de gymnastique. Cette alternance codifiée et contrôlée par les adultes ne sied guère aux jeunes enfants. Car si le rôle de l'espace moteur est bien de permettre cette libération de l'énergie de l'enfant et cette favorisation des conduites exploratoires entre pairs, alors pour les plus petits cela doit être possible n'importe quand. L'accès libre donne à chaque enfant la possibilité de s'approprier à tout moment cette conquête de l'espace, lui laisse la chance de le faire à l'instant où l'appel s'en fait sentir pour lui et pour les autres aussi. Dans une collectivité, la plus grande chance est donnée aux enfants de se rencontrer dans ces espaces de motricité afin d'y créer leurs jeux ensemble, quitte à mélanger les genres et les formes d'utilisation. Ainsi, peu d'équipes de crèche autorisent la montée d'objets sur les mezzanines ou les plates-formes en hauteur des structures de motricité. Alors que justement les enfants créent encore plus de jeux ensemble s'ils peuvent inventer des transports et des parcours aux objets qui les intéressent. L'une de leurs grandes questions étant d'ailleurs de savoir si les objets se comportent de la même manière dans les différents espaces et comment ils peuvent leur attribuer des fonctions ou des caractéristiques similaires ou différentes. Il faut bien comprendre que les ordonnancements (jeux de manipulation, jeux de motricité, jeux de construction, jeux symboliques, etc.) sont des constructions d'adultes. Les jeunes enfants ont eux une toute autre manière de voir les choses et ont plutôt tendance à mélanger les genres et à les associer autrement. Ce qui peut sembler original aux professionnels qui, souvent, ne laissent pas le temps à cette originalité de s'exprimer, tant la peur de fouillis, du non-contrôle de la situation et du rangement à venir effraient. De ce fait, ils réduisent les possibilités de jeux des jeunes enfants et entravent de ce fait leurs capacités cognitives.

Mais pour laisser les jeunes enfants s'exprimer sur le plan de leur motricité comme sur celui du développement de leur intelligence, encore faut-il avoir réfléchi d'une part à l'aménagement qui offrira le plus de possibilités expérimentales aux enfants et d'autre part à l'intérêt réel ou supposé des restrictions d'utilisation généralement avancées sous couvert de sécurisation maximale. Par exemple, le tapis de réception au pied du toboggan peut s'avérer plus risqué pour les enfants qui courent et, se prenant les pieds dedans, chutent lourdement contre la rampe : bosses et points de suture à l'horizon. Alors que la descente en pente douce du même toboggan ne présente que le risque d'arriver en bas un peu trop vite sur les fesses. Toute la difficulté réside dans le fait d'assurer les enfants tout en les laissant faire leurs expériences. Ainsi, pour diminuer les rencontres entre ceux qui descendent et ceux qui montent, il nous faut offrir plusieurs possibilités de monter et de descendre, en multipliant les pentes et les moyens de monter : au moins deux toboggans et un escalier, un mur d'escalade, une échelle de poulailler par exemple. Ainsi, même si les enfants sont nombreux, ils risquent un peu moins de se tamponner. Car pouvoir monter par la descente et descendre par la montée reste le jeu favori des enfants et un défi intéressant qu'ils se lancent à eux-mêmes, en toute évidence pour eux. Un toboggan s'explore de manière bien plus intéressante par la pente et l'argument de sécurité présenté par les professionnels qui est souvent mis en avant cache surtout une volonté de demander, de montrer et de contrôler la « bonne utilisation », comme une règle à laquelle les enfants doivent se soumettre. L'exploration motrice ne peut se contenter de si peu !

Dans le même esprit, l'étroitesse du passage de type parcours de la structure de motricité ne résout absolument pas les conflits inhérents au fait de se rencontrer dans un espace trop petit. La bousculade est inévitable entre ceux qui filent à toute vitesse et ceux qui prennent leur temps. Au contraire, de larges plates-formes permettant la présence de plusieurs enfants ensemble leur offrent la possibilité de créer du jeu à cet endroit. Ainsi, la plate-forme devient la maison. Les enfants peuvent y amener des poupées, des cartons, des déguisements, leurs doudous. Ils peuvent y construire leur nid à plusieurs. Pour cela il importe que la structure de motricité soit accessible pour les enfants avec d'autres jeux, qu'elle s'intègre dans le paysage de l'environnement ludique, qu'elle ne soit pas destinée seulement à des moments de défoulement, mais au jeu complet de l'enfant. Les enfants doivent pouvoir tourner autour pour courir et se courir après, monter et descendre de plusieurs côtés et se chercher encore, se cacher dessous en y entrant avec les porteurs roulants qu'ils rangent ainsi au garage. Bref, plus la structure offrira de nombreux « possibles », plus elle permettra aux enfants de se concentrer sur leurs expériences, seuls et à plusieurs. Les adultes peuvent alors leur faire confiance, les assurer de leur accompagnement, sans les devancer et sans craindre les accidents, car la structure est devenue jeu, elle s'est inscrite dans le paysage ludique de l'enfant en étant accessible en permanence. Plus il l'expérimente, plus elle lui est familière, moins elle présente de risques. Cela demande d'avoir un espace suffisamment vaste pour à la fois loger la structure de motricité et aussi circuler largement autour.

Mais il est aussi possible de réfléchir à d'autres propositions motrices : la structure de motricité ne suffit généralement pas. Surtout lorsque les enfants de tous âges sont réunis. Elle ne peut occuper la totalité de la pièce ni représenter l'unique offre de jeux moteurs. Des plans inclinés, des petits escaliers de deux ou trois marches, des grottes, des montagnes, des bulles, des cachettes et autres cavernes à explorer attisent la curiosité, permettent le jeu du partir-revenir et soutiennent l'aventure exploratoire de l'enfant dès le stade du ramper. Ces modifications de terrain et de niveaux présentent un grand intérêt pour le très jeune enfant. Elles permettent d'appuyer sa motivation à poursuivre son parcours aventureux : gravir le plan incliné en rampant, essayer de franchir la barrière des marches à quatre pattes pour explorer ce qui se trouve au-delà. Non seulement cela encourage sa curiosité, mais cela lui donne aussi l'occasion de découvrir d'autres perspectives, de nouveaux points de vue à partir d'un même lieu, sorte d'inscription dans l'environnement d'une certaine discontinuité qui lui permet de prendre des repères utiles à son développement. Le travail des professionnels est de bâtir ce lieu comme point de départ de l'activité ludique de l'enfant, centrée sur sa motricité et très ouverte à ses nombreux « possibles ». Bouger n'est-il pas aujourd'hui un impératif recommandable à tous ?

Léo observe

Ce matin, Léo ne veut rien faire. Il reste assis sur le tapis et regarde les autres enfants qui s'agitent. Ces derniers montent et descendent le toboggan, se jettent dans la piscine à balles. Et Léo, qui habituellement, aime les rejoindre, préfère aujourd'hui les regarder. L'auxiliaire de puériculture lui demande s'il va bien, pourquoi il ne va pas jouer, s'il souhaite faire une autre activité ? Mais Léo ne répond pas. Il semble absorbé dans son observation des autres enfants qui jouent et s'irrite quand la professionnelle ose se mettre dans son champ de vision. Elle comprend qu'elle doit le laisser car il se met à râler. Personne ne comprend réellement ce qu'il a. Est-il malade ? S'ennuie-t-il ? Opère-t-il un repli sur lui-même laissant augurer son mal-être à la crèche ? Est-il malheureux, tout simplement ? Les professionnels se succèdent pour lui venir en aide, mais cela ne fait qu'augmenter son désarroi.

En fait, non, Léo va bien. Il veut juste regarder. En observant et sans le savoir, Léo utilise ses neurones miroirs ! Les neurones miroirs sont une des grandes découvertes de ce début de siècle. En menant des expériences sur le singe, le Professeur Giacomo Rizzolatti, médecin biologiste italien, découvre au début des années 1990 que lorsque que le système moteur du singe s'actionne, cela entraîne une décharge de certains neurones. Et surtout il découvre que ces mêmes neurones se déchargent aussi lorsque le singe n'effectue pas l'action lui-même, mais en est simple spectateur ! Après avoir reproduit l'expérience de nombreuses fois tout en vérifiant que le singe spectateur ne produisait pas de mouvements cachés, il conclut avec son équipe que lorsqu'on est acteur ou lorsqu'on est simplement observateur, nous avons en commun dans notre cerveau une représentation exacte de l'acte effectué. C'est ce qu'il a appelé les neurones miroirs. Et en effet, lorsque

Léo observe les autres enfants, dans son cerveau, au niveau de ses neurones, se trouve une sorte de résonnance représentative de leurs actions, tout comme s'il agissait de lui-même. Léo n'est donc pas seul, isolé du groupe d'enfants acteur. Il existe entre lui et les autres enfants un lien qui lui permet de se représenter leurs actions, alors que lui ne bouge pas. Ce phénomène des neurones miroirs permet à Léo de comprendre ce que les autres enfants sont en train de faire, sans avoir besoin d'aucune médiation ou d'aucun raisonnement. C'est exactement la même chose qui se passe quand un petit à qui nous faisons semblant de mordre un doigt, ouvre lui-même la bouche. Ce n'est pas qu'il nous imite, c'est en fait que ses neurones miroirs s'activent et qu'il comprend que pour ne pas avoir le doigt mordu il faut ouvrir la bouche. Il fait l'action qu'il souhaite observer. De la même manière, lorsque nous observons des gens souffrir, nous produisons également une mimique de souffrance, comme si nous ressentions la même douleur, alors que nous ne sentons rien. Ce sont en fait des réponses automatiques de notre cerveau qui, grâce aux neurones miroirs, réfléchissent des informations sous une forme « motrice ». L'acte observé est ainsi assimilé et transformé dans le cerveau de Léo tout autant que s'il avait fait l'acte lui-même. Ces phases d'observation ne sont donc pas forcément des replis sur soi ou des phases d'ennui du jeune enfant à la crèche, mais bien des moments d'apprentissage. Encore une fois, la crèche est pour Léo une chance en ce qui concerne son développement. Il ne faut pas y voir un risque et s'inquiéter chaque fois qu'il ne se comporte pas de manière attendue. Dès la naissance, l'enfant possède des neurones miroirs qui lui permettent d'entrer en relation avec son entourage. Quand on lui tire la langue, il fait de même. Quand on lui sourit également. Dès qu'il est en capacité d'effectuer une action qu'il voit faite par quelqu'un d'autre, non seulement il active ses neurones miroirs, mais aussi ils les augmentent. Ainsi, un bébé en capacité de ramper qui voit un autre bébé le faire, apprend aussi à ramper avec ses neurones miroirs. Les neurones miroirs s'acquièrent au fur et à mesure des apprentissages. En côtoyant d'autres enfants, Léo apprend donc bien plus. C'est en cela que Boris Cyrulnik dit : « *un cerveau seul, même s'il est sain ne peut fonctionner, il lui faut un autre cerveau pour le faire fonctionner*[22]. » En effet, l'isolement sensoriel est ce qu'il y a de pire pour un bébé. Léo observe les autres enfants en activité motrice. C'est aussi pour lui une forme de stimulation grâce à laquelle il accroît tout autant ses compétences motrices.

En sachant cela, les professionnels peuvent mieux comprendre Léo. Sans s'inquiéter, l'auxiliaire de puériculture peut valoriser le fait que Léo observe les autres enfants : « alors Léo, tu regardes ce que font les autres aujourd'hui, c'est bien car ainsi tu apprends ! ». Une confiance plus à même de soutenir Léo que l'inquiétude dont les professionnels faisaient preuve jusque-là envers lui. Mais la prise en compte de l'existence des neurones miroirs peut également changer l'ensemble de l'organisation pédagogique de la crèche. En effet, permettre aux enfants de se rencontrer dans les activités ludiques sans barrière ni d'âge ni de développement offre bien plus d'occasions aux enfants d'observer les actions des autres. Chaque famille a pu constater à quel point le plus jeune de la famille se nourrit des compétences de ses aînés. À la crèche, le lieu est formidable par le fait même que tous les jeunes enfants sont à des périodes de leur développement différentes et qu'ils peuvent puiser chez les autres des occasions importantes d'imitation. Comme le dit Giacomo Rizzolatti : « *nos jeunes enfants sont de vraies machines d'imitation*[23]. » En imitant, l'enfant reproduit ce que d'autres font. Il utilise ses neurones miroirs et va bien plus vite pour apprendre. L'écart est moins grand entre deux enfants,

22. Boris Cyrulnik, « Mémoire, émotions, existence », interview *in Sciences Psy* N° 1,novembre 2014-décembre 2015, p. 30-35.
23. Giacomo Rizzolatti, « Les neurones miroirs », *in Sciences Psy* N° 1, novembre 2014-janvier 2015, p. 36-40.

qu'entre un adulte et un enfant. De ce fait, les stimulations entre pairs sont plus importantes, comme a pu le montrer Mira Stamback et tout le courant de l'Institut européen du développement des potentialités de tous les enfants dans les années 1980-1990.

Avec la connaissance de l'existence des neurones miroirs aujourd'hui, nous ne pouvons plus limiter les jeunes enfants dans des groupes d'âges homogènes (groupes horizontaux), particulièrement pour l'ensemble de leurs activités ludiques. Actuellement, les chercheurs en psychologie du développement émettent l'idée que le développement de l'enfant est un processus actif dans lequel la vision de l'enfant n'est plus celle d'un adulte inachevé auquel il manquerait des éléments. Au contraire, le jeune enfant possèderait le plus haut degré de compétences à chaque étape de son développement. Ce qui caractérise son développement ce sont les notions de changement et de continuité. Sa plasticité cérébrale fait que ses expériences sociales, cognitives ou affectives participent de fait à ces changements et donc à son développement. Les changements sont à la fois quantitatifs et qualitatifs. En grandissant, l'enfant acquiert de nouveaux savoirs et savoir-faire, mais aussi il réorganise ses capacités antérieures et utilise de nouvelles stratégies. Ainsi, il peut donner l'impression de régresser en faisant moins bien qu'avant certaines actions, avant d'amorcer une nouvelle progression. Le développement de l'enfant n'est pas linéaire et serein, mais dynamique, avec des ruptures d'équilibre, des ralentissements ou des régressions avant de nouveaux bons, parfois spectaculaires. Et même s'il existe sans doute une sorte de programmation innée du développement, chaque enfant avance à son rythme dans un développement qui peut sembler quelque peu « tordu », mais lui correspond. Ce qu'il faut bien comprendre c'est que dans ce développement, l'ensemble des interactions que l'enfant va avoir tient une place de choix. À la crèche, le bébé possède un territoire vaste pour interagir avec de nombreux autres et de nombreuses manières y compris sur le mode de l'observation. Réduire ce territoire, sous prétexte que l'enfant y serait perdu ou en danger est une erreur. C'est par exemple le cas lorsque des enfants plus grands ne peuvent côtoyer des enfants plus petits parce que l'équipe pense qu'ils risqueraient de les bousculer, ou lorsque les activités de jeu sont réservées à certains groupes d'enfants du même âge ayant soi-disant le même niveau de développement, ou encore lorsque des enfants sont cantonnés derrière des barrières infranchissables et ne peuvent agir à leur guise. Si cela est certes plus confortable pour les professionnels dans leur organisation, ce n'est en aucun cas légitime au regard du développement et des connaissances actuelles sur le jeune enfant.

Léo joue

Une des questions que se posent les professionnels de la crèche de Léo est : que lui faire faire ? En écho, une jeune stagiaire de la crèche, enceinte, leur a justement demandé comment elle pourra « occuper » son bébé lorsqu'il sera là. Est-ce un syndrome professionnel ou une vraie question de société ? Le bébé, devenu si compétent, est-il déjà un consommateur d'activités dites ludiques et considérées par tous comme nécessaires à son éveil ? L'un et l'autre sans doute car dans le questionnement personnel de cette jeune femme, comme dans celui des professionnels, on retrouve un penchant sociétal actuel qui est de ne pas faire perdre de temps aux jeunes enfants et d'aller un peu plus vite que la musique. Il faut dire que les bébés ont de telles capacités !

D'abord, ils font très bien la différence entre ce qui appartient à leur propre corps et ce qui provient de leur environnement. Pour Philippe Rochat[24], le bébé a un sens écologique de soi dès sa naissance, grâce à l'ensemble de ses expériences précoces qu'il a faites en tant que fœtus. Comme le fait de se toucher ou de sucer son pouce ou encore de reconnaître les odeurs ou la voix de sa mère. Ce qui veut dire qu'il sait qu'il est une entité distincte du monde extérieur et qu'il peut agir sur ce monde. Il n'est pas en fusion ni avec sa mère, ni avec le monde extérieur comme on a pu l'interpréter auparavant. Ainsi, le nouveau-né réagit lorsque quelqu'un lui touche le coin des lèvres, alors qu'il ne réagit pas s'il est touché avec son propre doigt. C'est bien qu'il ne confond pas son moi et son environnement. De plus, son cerveau est précâblé pour reconnaître les visages et particulièrement les visages humains, les sons et le langage. Ensuite, les bébés ont une percep-

24. Philippe Rochat, « Quand bébé prend conscience de lui », *in L'essentiel Cerveau & Psycho* N° 19, août-octobre 2014, p. 35.

tion intuitive des lois physiques qui s'exercent dans le monde qui les entoure. Ainsi, ils sont étonnés si on leur montre une situation improbable comme un objet traversant une surface pleine. Les bébés comprennent aussi très tôt, vers dix-huit mois, que les autres personnes peuvent avoir des goûts différents des leurs. Ils ont ainsi accès à la théorie de l'esprit, c'est-à-dire au fait de prendre conscience que l'autre a des pensées et des savoirs différents des leurs. Ils ont un esprit déductif et utilisent les statistiques pour comprendre les liens de cause à effet. Ils sont ainsi surpris lorsque les résultats de certaines actions ne sont pas conformes à ce qu'ils attendent du fait de ce qu'il vient de se passer. On dit qu'ils sont des bébés bayésiens du fait de leur utilisation implicite et innée d'une formule mathématique inventée par un certain Bayes il y a fort longtemps. Cet esprit déductif fait que les bébés sont des expérimentateurs doués qui n'ont de cesse que de chercher à savoir comment fonctionnent les objets, les animaux, les personnes. Ainsi, un bébé qui joue spontanément et touche à tout, explore en fait sans cesse les conséquences de ses actes et les relations de cause à effet entre ce qu'il fait et ce qui se produit. Bref, ils sont nés pour apprendre. Et c'est en cela que jouer est essentiel pour eux.

Mais avec quoi et comment ?

Comme nous n'avons aucun souvenir de cette période de notre vie, nous avons tendance à organiser les jeux des enfants à la manière « scolaire », seule trace qui demeure en nous. Ainsi, nous retrouvons l'alternance entre le travail et la récréation de l'école dans les activités dites de jeux libres et de jeux dirigés de la crèche. C'est pourquoi aussi nous cherchons à leur faire faire des activités ludiques censées les éveiller et leur apprendre des choses, comme l'école nous l'a appris. Or, le jeu des bébés se doit d'être libre dans la mesure où eux seuls sont capables de discerner ce qui les intéresse vraiment et ce sur quoi ils peuvent exercer leur soif d'expérimentation. Lorsque, encore une fois comme à l'école, l'adulte montre à l'enfant le fonctionnement d'un objet ou ce qu'il attend de lui avec une matière comme la peinture ou la pâte à sel, alors l'enfant considère que l'adulte détient la meilleure méthode et ne cherche pas d'autres solutions. Il se désintéresse vite de l'activité. Mais si au contraire, avec les mêmes éléments, l'adulte n'attend rien et observe les enfants agir, alors il s'étonnera de voir des enfants très inventifs et ingénieux. Ils s'intéressent particulièrement à l'activité et aussi coopèrent entre eux pour aller plus loin. La pédagogie d'une crèche ne peut pas être celle de l'école en plus allégée. Elle doit être entièrement différente et tenir compte de ce que sont les jeunes enfants, de leurs capacités et de leurs intérêts.

La question ici posée est celle du positionnement et du rôle si subtil des adultes dans les jeux des jeunes enfants. Car il faut trouver la bonne distance, celle qui laisse l'initiative à l'enfant d'inventer son jeu tout en restant disponible pour lui, tout en soutenant ce qu'il fait par le regard, la posture, les mimiques et le langage. L'adulte professionnel se doit d'éclairer le jeu de l'enfant et de porter intérêt à ce qu'il découvre ou invente, à ce qu'il teste[25]. Il n'est pas là pour faire faire mais pour permettre à l'enfant de faire. Ce travail d'accompagnement de l'enfant dans ses découvertes au travers du jeu est fort différent de celui de faire faire des activités ludiques.

Ainsi donc, changeons l'angle de vue et osons l'idée que pour l'adulte il ne s'agit pas d'occuper les journées de l'enfant, mais de tenter des propositions dont il n'a pas la certitude que l'enfant les suivra comme il l'avait prévu. Tout parent fera ou aura fait l'expérience de voir son enfant encore petit jouer plus spontané-

25. Anne-Marie Fontaine, *L'observation professionnelle des jeunes enfants, un travail d'équipe*, Savigny-sur-Orge, Philippe Duval 2011.

ment ou plus longuement avec l'emballage qu'avec le cadeau lui-même. Il crée alors son jeu. De même à la crèche, il est fréquent de proposer aux enfants des poupées et des gants de toilette dans la pataugeoire pour initier des jeux d'imitation comme celui de laver les poupées, et se rendre compte que les enfants délaissent ces dernières et sont attirés uniquement par l'aspect sensoriel du jeu qu'ils expérimentent en suçant les gants. En fait, l'adulte n'est pas l'initiateur, ni même le meneur du jeu, ni le détenteur des règles du jeu inventé par l'enfant. Ce ne sont d'ailleurs pas tant les règles du jeu qui importent que le cadre qui, lui, est structurant, rassurant et permet le jeu de l'enfant. Le cadre est l'ensemble des modalités qui régissent la place du matériel, celle de l'adulte et de ses interventions pour assurer la sécurité physique et affective de l'enfant. Cela est de la responsabilité de l'équipe professionnelle que de convoquer l'imaginaire de l'enfant en associant sécurité et aventure. C'est ce qui constitue l'unité éducative du lieu d'accueil et qui permet à l'enfant de construire des connaissances.

Prenons l'exemple de l'activité ludique « pâte à sel ». Cette activité consiste à proposer aux enfants une matière fabriquée à base de farine, de sel et d'eau mélangés, constituant ainsi une pâte molle que les enfants peuvent pétrir. Cette activité est intéressante pour les diverses expérimentations qu'elle permet : la préhension fine (prendre la pâte entre ses doigts), la découverte de propriétés physiques et mathématiques (le dur, le mou, le collant, la possibilité de faire de nombreuses petites boules à partir d'une grosse boule et inversement), les sensations procurées par la matière, l'imaginaire par la représentation de formes et d'objets variés. Les facultés motrices, cognitives, tout comme sensorielles, sont convoquées par cette activité. Et ce sera seulement dans la manière dont l'adulte va organiser le déroulement du jeu que les enfants auront ou pas la possibilité de créer leurs jeux comme d'initier des espaces de rencontre, des phases de sociabilité entre eux. Si le professionnel est très actif et interventionniste dans l'activité, il va orienter et contraindre les enfants à se focaliser sur l'objet : pâte à sel. Il va distribuer un bloc de pâte et les petits matériels associés à chaque enfant de façon équivalente, y compris à lui-même. Il va pétrir la pâte, la rouler et commencer à fabriquer des petits serpents ou autres paniers et bonhommes. D'une façon implicite, les enfants vont se concentrer sur ce que fait l'adulte et s'y conformer. Ils vont demander à ce dernier de modeler pour eux, à leur place, ce qu'il vient de montrer. Ils vont rechercher en l'adulte son affectivité par le cadeau d'un bonhomme en pâte à sel qu'ils sont incapables de reproduire eux-mêmes et qui leur fait envie. L'adulte devient l'acteur principal, l'animateur et le meneur du jeu. Il répond à la demande des enfants, pensant que ses interventions et sa participation active sont constitutives de son travail. Alors qu'en fait, même s'il met en place des conditions d'apprentissage pour les enfants, voire une affectivité favorable à leur attention, il ne leur a laissé d'autre choix que reproduire avec plus ou moins de réussite ce qu'il montre ou demande.

Certes, le mimétisme des jeunes enfants sera ici suscité mais ne sera orienté que par l'adulte/guide. Ce qui est dommage dans une collectivité de jeunes enfants prêts à construire par les échanges, d'autres facettes, d'autres possibles connaissances. Développer sa propre imagination, découvrir la matière à sa manière (en la goûtant par exemple) et faire partager ses découvertes aux autres en grimaçant ou en riant, monter ensemble des expériences physico-mathématiques (la pâte à sel colle-t-elle sur la table ? Colmate-t-elle des petits trous ?). Partager la joie de voir ressortir la pâte entre ses doigts lorsqu'on l'écrase avec la main. Choisir le petit matériel que l'on souhaite pour son exploration, devoir le négocier, le prêter et constater qu'un autre enfant l'utilise différemment. Ainsi, à l'inverse, si le professionnel perçoit ô combien le « aide-moi à faire tout seul » prend tout son sens, il cherchera à trouver la distance qui le rend disponible, bienveillant, rassurant pour l'enfant. Distance qui lui permet d'encourager son jeu par l'intérêt qu'il porte à ce qu'il est en train de faire dans cette activité. Même s'il ne comprend pas toujours le langage souvent secret que représente le jeu de l'enfant.

L'exemple montre que dans le cas d'un adulte acteur et animateur du jeu de l'enfant, il n'y a aucune aventure ni pour l'enfant, ni pour l'adulte. Si le rôle du professionnel est d'assurer la sécurité de chaque enfant, de faire respecter des limites clairement établies et énoncées (est-on autorisé à manger la pâte à sel, à la jeter ou à la transporter ?), il est aussi de permettre à chacun de s'aventurer dans l'activité ludique sur un mode exploratoire qui lui est propre et non freiné (si je tente cela, que se passe-t-il alors ?). C'est seulement dans cet esprit que le multi, le poly et le pluri (nombreuses possibilités, choix abondants et plusieurs voies possibles) peuvent être des sources opérantes et des ressources intéressantes de l'activité ludique de l'enfant. Ils sont l'essence même de l'activité du jeune enfant, qui trouve ici l'intérêt et l'occasion de se détourner de la relation unique soit envers l'adulte, soit envers l'objet, pour aller vers ses pairs, partenaires de jeu.

Dans le jeu de l'enfant, le rôle de l'adulte éducateur, qu'il soit parent ou professionnel, est bien de s'occuper, de se préoccuper de ce que l'enfant ressent, de ce qu'il éprouve, de ce qu'il vit, mais pas de l'occuper, car cela il le fait très bien seul et avec les autres enfants et adultes. Sinon lorsque pour jouer l'enfant ne peut se mettre hors jeu, alors ce n'est plus du jeu, c'est une activité d'apprentissage scolaire. Donc si Léo a de grandes capacités en tant que bébé, il faut aussi qu'il puisse les explorer et les exprimer dans ses jeux à lui. Notre stagiaire a bien de la chance de se trouver à la crèche pendant sa grossesse. Elle va comprendre que ce sont les bébés qui apprennent et non les adultes qui leur font apprendre.

Léo fait son chemin

Ce matin à la crèche, une salle est consacrée aux déguisements et aux cartons. Léo et Léa se sont rejoints pour jouer ensemble. Ils rassemblent des cartons de différentes tailles et les installent dans un coin de la pièce. Puis ils vont chercher des déguisements et emplissent les cartons de vieilles chemises, chaussures, chapeaux et sacs à main. Ce jeu de remplissage est joyeux. Ils alternent les allers-retours entre la malle de déguisement et le coin où ils se sont installés avec des moments où ils plongent eux-mêmes dans les cartons déjà bien remplis. D'autres enfants s'approchent, mais ils sont vite repoussés. C'est Léa qui fait la loi et elle a décidé de jouer seule avec Léo. La professionnelle les observe, amusée et intriguée par le fait qu'ils privatisent ce coin de salle, et elle décide de laisser faire leur jeu de complicité entre eux, en expliquant tout de même aux enfants rejetés que Léa et Léo ne souhaitent jouer que tous les deux pour le moment. Soudain Léo retourne un carton et commence à s'en servir comme d'un tam-tam. Il frappe dessus de bon cœur. Le jeu a changé. Léa n'en reste pas là et l'imite avec un autre carton. Ils ont balancé les fripes qu'ils avaient mis tant de temps à s'octroyer et jouent en rythme. C'est très joyeux, alors la professionnelle frappe en rythme avec eux dans ses mains. D'autres enfants arrivent, attirés par le bruit, ils se mettent à danser en se tenant la main. À chaque arrêt de tam-tam, ils stoppent, applaudissent et en réclament encore. Nos deux artistes ne se font pas prier. Ils inventent la mélodie, les cris, le rythme et s'accordent avec les danseurs dont le nombre s'accroît. La professionnelle reste en retrait, elle les observe et les accompagne dans ce jeu qui ne vient pas d'elle mais la transporte avec bonheur dans une aventure à laquelle elle ne s'attendait pas. D'un seul coup la joyeuse bande de danseurs l'abandonne. Ils courent dans l'atrium de la crèche. Les tam-tams se taisent et Léo et Léa se cachent dans le carton-nid douillet qu'ils se sont fabriqués pour eux deux avant l'épisode musical. Elle entend le « bruit » qui se poursuit dans la pièce d'à côté. Plus tard, sa collègue, qui était occupée dans une autre salle donnant sur l'atrium et dont l'accès est libre en permanence comme pour toutes les salles, lui raconte que les enfants danseurs sont venus à leur tour faire de la musique en retournant les boîtes des jeux et en frappant dessus avec les longues cuillères qui servent aux mesures de lait en poudre : un vrai concert ! Des plus jeunes les ont écoutés, d'autres ont frappé dans leurs mains, ont tapé le sol avec des bouteilles. Ils avaient poursuivi une « expérience » débutée par d'autres, dans une autre salle. De quelles activités s'agissait-il ? Déguisements, cartons et manipulation d'objets heuristiques[26]. Non, il s'agissait de bien plus que cela. Il est rare de rencontrer des équipes adopter une telle pédagogie, et pourtant…

Pour le professionnel de la crèche, le fait de donner au jeune enfant la possibilité de jouer, tout en le laissant se déplacer, peut sembler une évidence tant il sait que le mouvement est nécessaire aux apprentissages du tout-petit. La période dite « sensori-motrice » dépeinte par Piaget en atteste. Pourtant, tables et chaises occupent une place de plus en plus importante dans les lieux d'accueil. En général, elles servent aux repas mais de plus en plus souvent également aux activités ludiques. Il existe même des tables-jeux percées en leur centre pour recueillir les différents accessoires de jeu. On parle alors de tables d'activité ! Étonnant de se mettre à table pour s'activer ! Et pour que les enfants y soient « bien installés », on leur demande de s'asseoir dans de petits fauteuils dont les accoudoirs bloquent toute velléité de s'échapper. D'autres activités s'organisent par des regroupements statiques où les adultes réclament l'attention des enfants pour

26. Les objets heuristiques sont des objets qui permettent de découvrir des caractéristiques et des lois physiques. Ce ne sont généralement pas des jouets mais des objets de type boîtes ou objets de récupération, avec lesquels les enfants jouent et expérimentent.

une écoute inactive de livres présentés à une distance bien trop grande pour intéresser les jeunes enfants ou pour des chansons qui suscitent l'envie de bouger alors que c'est interdit. Tous ces moments contredisent chaque jour cette certitude professionnelle de la motricité impérieuse pour le jeune enfant. Car l'adulte organise et « fait faire » aux enfants ce qu'il pense, lui, seul ou en équipe, être « bien » pour eux. Comme nous l'avons vu précédemment, des temps de liberté ludique et d'emploi de structures de motricité, utilisés sous surveillance, alternent avec des temps d'apprentissage par le ludique dans une proximité d'encadrement plus interventionniste de l'adulte. Le modèle reste scolaire et peu adapté aux plus jeunes enfants.

Or nous savons depuis longtemps maintenant que le petit apprend en faisant, en expérimentant à son rythme. Il peut et sait faire lorsque c'est le bon moment pour lui. Et il n'apprend pas seul mais en relation avec ses pairs et avec les adultes. Dans la majorité des collectivités, ces trois principes pédagogiques sont avancés, coexistent dans les différents écrits des projets pédagogiques comme des valeurs, sans pour autant se décliner réellement dans la réalité quotidienne. Car, dans la majorité des cas, soit il ne s'y passe que peu de choses et la crèche est une garderie au sens ancien du terme, soit l'équipe propose une succession d'activités très organisées et très guidées par les adultes qui n'offrent que peu de liberté à l'enfant et s'apparentent à un sur-activisme peu propice à son bien-être et à ses apprentissages. Ainsi à la crèche, le professionnel laissera bien l'enfant faire seul sa manipulation de pâte à sel, assis à sa place derrière la table, à côté des autres enfants. Il sera, lui, l'adulte, en centralité et, organisant le jeu de chacun, il s'assurera du calme le plus absolu. Cette « activité » durera vingt minutes et correspondra au temps d'apprentissage de la matinée de l'enfant qui ne manquera pas d'être signalé aux parents le soir. À bien y regarder, l'enfant n'aura pas eu beaucoup de plaisir dans cette activité, il n'aura pas utilisé ses compétences réflexives ni inventives, pas plus qu'interactives. Il aura plus ou moins accepté les directives de l'adulte avant de se désintéresser de la question.

Le jeu doit être une aventure pour l'enfant comme pour l'adulte. L'enfant doit pouvoir choisir quel objet utiliser, comment et à quel endroit. Il doit trouver son chemin, « itinérer » entre les divers univers ludiques qui lui sont proposés afin de faire des liens entre ses actions et les conséquences qu'elles provoquent. Cette itinérance ludique est le propre de tout jeune enfant pour lequel les objets n'ont pas encore de fonction arrêtée mais peuvent servir à ses expériences parfois conventionnelles et d'autres fois inattendues. Lorsqu'il n'y a pas d'itinérance il n'y a pas d'aventure réelle pour l'enfant, ni pour l'adulte. Tout est sous le contrôle de l'adulte qui essaie de maintenir l'attention des enfants pendant le temps imparti. Les professionnels croient que l'enfant a le choix puisqu'il peut partir s'il ne veut pas faire l'activité. Mais pour aller où puisque l'adulte est à l'activité et que, pour les adultes, cela semble être le moment le plus intéressant de sa journée, même s'il ne dure pas plus de dix minutes ? L'injonction de faire l'activité est forte et c'est en cela qu'elle s'éloigne du jeu et de l'intérêt de l'enfant. Le travail pédagogique consiste à permettre à chaque enfant de créer son jeu à son rythme, seul et avec les autres. Cela demande de disposer au niveau organisationnel d'une réelle unité pédagogique. Pas seulement lien entre les personnes mais véritable liant permettant la transformation de l'objectif – permettre à l'enfant de créer son jeu seul et avec les autres – en une réalité dans la pratique professionnelle. C'est possible avec l'itinérance ludique. Car que se passe-t-il lorsque l'on propose, de par l'organisation pédagogique, à l'enfant d'être un itinérant du ludique, de choisir son cheminement dans un agencement d'univers ludiques réfléchis par une équipe professionnelle ? Il apprend, dans et par le ludique, à son rythme, seul et avec les autres, en se déplaçant pour établir ses propres connexions, sa propre construction intellectuelle, ses propres fils d'intelligence. Cette possibilité de se déplacer dans des espaces réfléchis, sécurisés, complémentaires, concordants, ouverts vers l'aventure représente autant d'occasions de se rencontrer, d'inventer ensemble, de s'imiter, de se suivre, de coopérer, de faire des expériences inédites. La créativité spontanée est faite d'improvisations permanentes, y compris dans le choix des objets de jeu ou du jeu lui-même. Elle ne peut advenir si l'activité est dirigée ou contrôlée par le professionnel.

Les professionnels des crèches proposent des univers de jeux symboliques, de jeux moteurs, de jeux de manipulation ou de construction aux enfants. Mais cette catégorisation n'est pas forcément la leur. Ils manipulent des jeux moteurs, font de la motricité ou de la construction avec des jeux symboliques, etc. Bref, ils mélangent et rient à leur manière. Et qu'ont fait Léo, Léa et les petits danseurs en faisant cela ? Ils ont fait des expérimentations, ils ont tenté de comprendre le fonctionnement des objets et les lois physiques, ils ont joué, ils ont créé des échanges relationnels. En fait, ils ont appris ensemble. Ils ont appris à s'accorder, à s'écouter, à participer. Ils ont créé des sons, de la danse, des expériences et surtout de la joie qu'ils ont su propager… Ils ont « itinéré » dans le ludique avec intérêt entre pairs, sous le regard bienveillant de professionnels attentionnés et parfois surpris. Et ces professionnels sont heureux car chaque jour de crèche est un nouveau jour d'aventure ludique dont ils ne savent rien au départ.

Léo pousse les chaises

« Léo ! Laisse cette chaise tranquille ! Cela fait déjà trois fois que je te le dis ! Une chaise c'est fait pour s'asseoir et non pour pousser ! » En fait, Léo a un grand jeu en ce moment : pousser les chaises. Cela exaspère les professionnels, car non seulement il déménage et met la pièce sens dessus dessous, mais en plus c'est très bruyant. Mais qu'est-ce qu'il a donc à pousser sans cesse ces chaises ?

En fait pour un jeune enfant, les objets ne sont pas déterminés par leur fonction. Dire qu'une chaise sert à s'asseoir ne signifie rien pour un bébé. Ce dernier découvre les objets par leurs propriétés et non par leurs fonctions. Ce n'est qu'avec le langage, plus tard, qu'il intériorise et comprend la fonction des objets. Il doit pour cela être capable d'inhibition de certains aspects de ses connaissances. Olivier Houdé a montré que le développement cognitif de l'enfant passe par l'acquisition progressive de cette capacité d'inhibition qui permet à l'enfant de ne plus faire certaines erreurs. Ainsi, alors que nous savons que le bébé est capable de dénombrer très tôt, à cinq-six mois, nous remarquons qu'il a des difficultés à faire le lien entre nombre et grandeur jusqu'à l'âge de cinq-six ans. Il n'arrive pas à inhiber certains aspects de ses connaissances pour laisser plus de place à une nouvelle programmation. Par exemple, il ne peut pas admettre le fait que dix bonbons étalés sur toute la table ne représentent pas plus de bonbons que dix bonbons regroupés dans un petit tas. Cette incapacité d'inhibition de certains savoirs ou de certains gestes est une des marques de la petite enfance. Ainsi, Jean Piaget avait déduit dans sa célèbre expérience appelée « l'erreur A-non B » que les jeunes enfants n'avaient pas la permanence de l'objet avant l'âge de dix mois. C'était sa grande question existentielle sur les tout-petits et c'était important car cela signifiait que les petits de moins de dix mois ne pouvaient pas se souvenir d'un objet dès qu'il disparaissait de leur vue. En effet, il montrait qu'un enfant auquel on cachait un objet sous ses yeux, dans une cache où il n'avait pas l'habitude d'être caché, n'allait pas le chercher même s'il avait vu où on l'avait caché. Il en déduisait donc que les petits oubliaient l'objet dès qu'il disparaissait de leur champ de vision, que pour eux, cet objet n'existait plus. Or, on sait aujourd'hui que si on met l'objet en question sous des cloches transparentes, l'enfant ne va pas plus le chercher alors qu'il le voit. Il continue d'aller le chercher là où il le trouvait habituellement. On sait aujourd'hui que cela tient au fait que l'enfant est incapable d'inhiber son premier geste. La non-inhibition sert à l'apprentissage puisqu'elle permet par exemple aux jeunes enfants de ne pas s'arrêter dans leurs élans expérimentaux et d'apprendre par l'erreur. En grandissant, l'enfant accède de plus en plus à des niveaux d'inhibition qui lui permettent de faire moins d'erreurs.

Mais en attendant, cette non-inhibition est aussi valable pour ses gestes dans la découverte de son environnement. Le bébé interagit avec son environnement. Il perçoit les propriétés des objets et les lois physiques en fonction de ses propres caractéristiques à lui : sa taille, son champ d'action, sa mobilité, son champ de perception, sa position par rapport à l'objet. Et il les traite selon la théorie de l'affordance. L'affordance d'un objet est la combinaison de ses propriétés en fonction de la personne qui le perçoit, qui prend contact avec lui. C'est en fait la capacité de l'objet à suggérer sa propre utilisation aux personnes. Or, les jeunes enfants n'ayant pas encore dans leur bibliothèque interne une connaissance complète de l'utilisation des objets, ils les utilisent uniquement selon ce que ces derniers leur suggèrent, c'est-à-dire selon leur affordance. Ainsi lorsque Léo perçoit la chaise, il n'y voit pas un objet dont la fonction est d'être utilisé pour s'asseoir, mais il y voit un objet avec quatre pieds qu'il peut soulever, pousser, retourner ou encore sur lequel il peut grimper. Cela est très utile pour Léo car il apprend ainsi les différents invariants qui lui donnent les propriétés de l'objet en question, ici la chaise. C'est un objet dense, assez lourd, mais déplaçable, qui peut se retourner et qui peut également supporter la charge de son propre poids. Ainsi Léo donne une valeur fonctionnelle a cet objet qui n'est pas la même que la fonction donnée par l'adulte et qui se trouve parmi les possibles que cet objet, la chaise, peut offrir. En poussant les chaises, Léo apprend. La connaissance de l'environnement par le jeune enfant repose sur des mécanismes innés tels que celui-là. En manipulant les objets selon ce qu'ils lui suggèrent, il cherche à percevoir les invariants des propriétés de ces objets. Peut-il toujours pousser les chaises de la même manière ? Comment résistent-elles à la poussée ? Se renversent-elles ?, etc.

En comprenant que ce qui est important pour Léo ce n'est pas le signifiant de l'objet mais ses propriétés, on saisit mieux les raisons pour lesquelles il joue à pousser les chaises. On risque moins de penser qu'il le fait pour se faire remarquer, pour provoquer l'adulte ou parce qu'il aime faire des bêtises, comme cela est fréquemment entendu dans les crèches. Sachant cela, on mesure le fossé d'incompréhension qu'il peut y avoir entre l'adulte et le jeune enfant. Pour le premier, les objets ont des fonctions et doivent être utilisés d'une certaine manière, celle adéquate pour laquelle ils ont été conçus, alors que pour le second les objets ont des propriétés à découvrir. Or pour ce faire, il a besoin de les tester avec ses perceptions sensori-motrices. Par ailleurs, comme l'enfant ne peut inhiber ses gestes, rien ne sert de le reprendre maintes et maintes fois, sauf à agrandir le fossé d'incompréhension et à finir par le blesser en lui attribuant de mauvaises intentions, alors qu'il ne fait qu'apprendre. Les professionnels des crèches se doivent de connaître ces modes de développement du jeune enfant afin d'adapter leurs actions pédagogiques. Ainsi, l'on voit souvent des espaces dits de repos aménagés avec un tapis sur lequel de nombreux coussins sont disposés. L'idée est que les enfants puissent venir s'y ressourcer, avec ou sans leur doudou. Qu'ils puissent y lire des livres ou même faire une petite sieste. Or, de la même manière qu'avec les chaises, les coussins ne sont pas perçus par les jeunes enfants comme ayant cette fonction de repos. Ils adorent les soulever, les lancer, les aplatir ou même donner des coups avec. Ils cherchent à en percevoir les propriétés et leurs capacités motrices les influencent en ce sens. Ainsi l'espace annoncé « coin repos » par les professionnels devient vite un lieu de chahut et ces derniers passent leur temps à demander aux enfants de cesser les actions qu'ils perçoivent comme des bêtises et non comme des moyens innés d'apprendre et de connaître les objets de leur environnement.

L'exploration du fonctionnement du monde est la grande aventure des bébés. En comprenant mieux la manière dont ils s'y prennent, les équipes de crèches peuvent non seulement adapter cet environnement en choisissant des matériaux, des équipements et des objets selon l'orientation des petits et non plus selon leurs propres visions d'adultes, mais aussi ils peuvent moduler leurs interventions en fonction de ce qu'ils savent à propos des bébés. Ce qui revient à dire qu'en devenant plus savants sur les bébés, les professionnels adaptent leur pédagogie en fonction de ces savoirs et participent au mieux à leurs apprentissages. Pour Léo, soit il faut que les chaises soient installées dans une autre pièce et demeurent ainsi inaccessibles, soit il faut accepter qu'elles deviennent un jeu pour tout le temps où cela l'intéressera de chercher à comprendre les invariants de leurs propriétés. Mais dans le cas où le choix serait de supprimer les chaises, il sera bon de réfléchir à d'autres objets assez gros, assez lourds et pouvant être poussés... Car supprimer l'objet supprime aussi l'apprentissage possible.

Léo et ses « référentes »

À son arrivée à la crèche, Léo est toujours accueilli par deux personnes qui sont nommées ses « référentes ». C'est ainsi depuis son entrée. Ce sont elles qui s'occupent de lui et aussi des neuf autres enfants de « son groupe » ou de « sa section ». Elles se chargent de lui donner les soins nécessaires : ses changes, ses repas, son sommeil. Elles lui proposent des jeux. Elles doivent également créer une relation privilégiée tant avec Léo qu'avec ses parents. Ce sont elles qui le suivent lorsqu'il change de groupe, passant des bébés, aux moyens puis aux grands, et ce jusqu'à son départ définitif de la crèche pour l'école. Mais cet été, en plein mois d'août, la crèche de Léo est fermée. Il est le seul du groupe en question à être présent à cette période. Il est donc prévu qu'il soit accueilli dans une autre crèche. Mais le problème est que ses « référentes » sont également en vacances. Qui va s'occuper de lui ? Il ne connaît déjà pas les locaux ; si, en plus, il ne connaît personne… L'équipe est inquiète. Ne devrait-on pas modifier les vacances d'une de ses deux « référentes » afin qu'elle soit présente auprès de Léo. Oui, mais cela contredit l'objectif de cette fermeture de la crèche : permettre aux membres du personnel d'être en vacances au moment où l'effectif des enfants est moindre.

Le terme de « référente » est très employé dans le champ sanitaire et social. On trouve des médecins référents différents des médecins traitants, des éducateurs référents qui assurent l'accompagnement éducatif d'enfants ou de familles, des infirmiers référents de patients dans leur parcours de soin. Des assistantes maternelles se disent aussi « référentes » des enfants qu'elles accueillent. À la crèche, le terme renvoie à la transposition d'une méthode éducative créée par Emmi Pikler à la pouponnière de Lóczy en Hongrie dans les années 1970. Elle permettait de répondre à la nécessité pour des jeunes enfants placés en institution souvent dès leur naissance de créer des liens d'attachement avec les personnes qui s'occupaient d'eux, devenant le « maternage insolite ». Cette pratique, encore appelée aujourd'hui « méthode de Lóczy », transforme les professionnels des crèches en « référents » d'un petit groupe d'enfants dont ils assurent les soins au plus près de leurs besoins, permettant aux enfants de créer des liens d'attachement avec leurs « référentes » de par la régularité des soins et la proximité relationnelle. Elle a pour but de conforter les repères adultes de l'enfant, de rassurer le professionnel qui connaît bien « ses » enfants et de permettre au parent d'avoir un interlocuteur privilégié. L'objectif est donc bien d'assurer la sécurité affective de tous. Ainsi, la personne « référente » d'un enfant s'occupe de son entrée à la crèche, de ses arrivées comme de ses départs, assure ses soins, tranquillise ses parents en instaurant un climat de confiance, favorise les séparations et les retrouvailles avec ses parents.

Cela peut s'avérer judicieux dans un certain idéal : lorsque la personne « référente » a d'emblée un bon *feeling* avec les parents et l'enfant et donc de bonnes relations avec eux, lorsqu'elle a les mêmes horaires qu'eux, lorsqu'elle est absente en même temps qu'eux, lorsqu'elle est toujours présente lorsque l'enfant fréquente l'établissement, lorsqu'elle développe un grand professionnalisme et possède une forte empathie lui permettant de rester à sa place et donc aussi de favoriser les liens entre l'enfant et ses parents, lorsqu'elle les sécurise, ne les juge pas et ne s'oppose pas à leurs choix éducatifs, etc. Bref, un idéal type de l'accueillant-référent. Mais cette perle rare n'est malheureusement (ou heureusement !) qu'une figure fantasmatique dans un monde « crèche » qui ne permet ou ne facilite généralement pas la mise en place d'une telle organisation pédagogique. Dans la réalité, la personne « référente » ressemble fortement à toute personne humaine qui exerce un métier. Elle peut développer plus ou moins d'attirance pour l'enfant ou ses parents et créer ou pas des liens d'affection avec le petit, il arrive qu'elle soit malade et donc absente, que ses propres enfants soient eux aussi malades et donc qu'elle soit absente encore, elle a droit à des vacances qui ne recouvrent pas forcément celles des cinq ou six enfants dont elle est la « référente », il lui arrive d'être normative par rapport à ses propres représentations éducatives. Elle s'identifie plus ou moins à la mère de l'enfant, rejette plus ou moins le père en fonction du jeu de séduction ou de non-séduction qui s'instaure. Elle donne des soins à l'enfant d'une manière plus ou moins mécanique, en fonction de sa surcharge de travail, et passe beaucoup de temps à négocier avec ses collègues les organisations d'horaires !

Tableau idyllique ou tableau catastrophique pour Léo ?

Ni l'un ni l'autre car Léo a la chance d'être accueilli par une équipe qui, voyant le danger, a mis en place un système de « référence élargie ». En effet, face aux différents problèmes organisationnels insolubles – congés, absence imprévue, horaires décalés –, les professionnels ont choisi d'élargir le concept à l'ensemble de la crèche. Ils tiennent au concept de référence dans la mesure où, selon eux, il donne à l'enfant la possibilité de créer des liens avec de possibles figures d'attachement secondaires, autres que celle de ses parents, mais se sont éloignés de l'idée que l'enfant avait besoin d'une seule figure d'attachement secondaire, sorte de substitut maternel (nom qui était donné au départ, avant celui de référent). Certes, la théorie de l'attachement telle qu'elle a été conceptualisée par John Bowlby mentionne que l'enfant crée généralement un lien d'attachement avec une figure principale, le plus souvent sa mère, qui reste, selon Boris Cyrulnik, « *l'étoile la plus brillante dans la constellation de l'enfant* »[27], mais elle dit aussi que les systèmes à attachements multiples sont sans doute ceux qui sont le plus favorables aux jeunes enfants. En effet, avoir plusieurs figures d'attachement, non seulement protège le petit d'éventuels défaillances ou malheurs, mais aussi lui permet d'accéder à la différence, à l'altérité des différents types relationnels qui peuvent s'installer entre lui et ses figures d'attachement. Ainsi, l'ensemble des professionnels qui côtoient Léo sont pour lui des figures stables sur lesquelles il peut compter et avec lesquelles il a noué des liens différents et plus ou moins forts, selon son propre jugement. Car il ne faut oublier que c'est toujours l'enfant qui choisit et qui s'attache à la personne qui va lui sembler la plus sûre pour lui.

Lors des regroupements d'établissements, en période de moindre fréquentation, accueillir un enfant venant d'une autre crèche sans qu'il soit accompagné par un de ses référents habituels peut sembler difficile aux professionnels. Ils y perçoivent une défaillance du système d'attachement de l'enfant et donc un risque pour lui, face à cette insécurité affective. Ils oublient alors une chose importante dans la théorie de l'attachement. C'est que si l'enfant a acquis un attachement sécure avec ses figures d'attachement, dans une situation de stress où il ne connaît ni les lieux ni les personnes, il est à même d'activer son système neuroendocrinien et de produire de l'ocytocine, l'hormone de l'apaisement, de l'attachement[28]. Donc si cet enfant a un lien d'attachement sécure avec sa mère, comme cela est le cas pour la majorité des enfants, et si le travail des professionnels de la crèche a été bien mené – permettre à l'enfant de créer d'autres liens d'attache-

27. Boris Cyrulnik, « Les théories de l'attachement », cours à l'Institut Petite Enfance Boris Cyrulnik, Cholet et Béziers, janvier 2014.
28. Blaise Pierrehumbert, Anna Brytek-Matera, Raffaella Torrisi, « Le stress : ocytocine et attachement », *in Sciences Psy* N° 1, novembre 2014-janvier 2015, p. 58-62.

ment – alors il est fort possible que Léo trouve en lui la ressource nécessaire pour « mimer » dans son corps la présence de l'autre. L'enfant qui a un attachement sécure est un enfant qui n'a pas besoin d'avoir sa figure d'attachement auprès de lui pour être sécurisé.

Or, les professionnels choisissent parfois de ne pas, selon eux, « prendre de risque ». Leurs solutions sont alors : soit de convaincre les parents que cet accueil n'est pas souhaitable pour leur enfant (pas facile), soit de supprimer les congés d'un des référents (pas facile non plus). L'enfermement des pratiques d'accueil dans un dogme tel que celui-là (devoir éviter à tout prix le risque d'une prétendue carence affective liée à la collectivité) sans réellement prendre en considération ce qu'est la théorie de l'attachement et comment les neurosciences sont venues corroborer cette théorie, ne permet pas aux professionnels de réfléchir plus largement à ce que pourrait représenter l'accueil éducatif d'un jeune enfant dans une structure collective en termes de gain tant pour l'enfant, les parents, que pour eux-mêmes, et cela également dans des situations de changements tels que les fermetures d'établissements et les regroupements de crèches. Or, pouvoir confronter les pratiques éducatives connues avec d'autres, ouvrir de nouveaux horizons aux parents, favoriser de nouvelles rencontres, poser un nouveau regard sur chaque enfant et chaque famille sont aussi des plus apportés dans ces situations. Ainsi, tel enfant, connu pour être turbulent dans sa crèche d'origine, sera peut-être heureux de profiter d'un grand jardin dans lequel il pourra laisser déborder son surplus d'énergie. En fait, profiter des compétences d'une autre équipe ne peut-il pas se vivre comme une expérience positive pour tous ? Oui, si les professionnels n'ont pas d'*a priori*, si l'objectif d'accueil se modifie et ne reste pas figé sur cette volonté d'éviter les ruptures affectives néfastes au développement de l'enfant ; en fait oui, si ce grand objectif professionnel d'accueil évolue vers l'écoute positive des demandes des parents et de l'enfant : Léo est-il un enfant sécure ? A-t-il besoin d'un relai affectif adulte fort ou au contraire aime-t-il créer des relations avec d'autres, adultes ou enfants ? Aime-t-il être accueilli dans les bras ou grâce au jeu ? En cette période estivale, les professionnels auront tout le loisir d'observer finement cet enfant, de percevoir la qualité du lien d'attachement qui le lie à ses parents, ils auront le temps de s'adapter à Léo et donc de répondre à ses attentes. N'est-ce pas le travail quotidien de tout accueillant, qu'il connaisse l'enfant ou pas ? S'appuyer sur l'équipe, sur une pédagogie qui fait la part belle aux itinéraires ludiques des enfants et à leurs stratégies d'apprentissages, pour leur proposer des tiers autres que leurs référents. Finalement, une des dérives les plus importantes liées à la pratique professionnelle de la « référence » est justement d'être devenue un dogme, donc fermé à toute prise en compte des connaissances scientifiques.

Léo pataugE

Aujourd'hui, il y a activité « jeux d'eau » à la crèche. Léo est ravi, il adore l'eau mais jusqu'à présent il restait au bord du bassin, en position d'observateur, sans oser vraiment entrer dans la salle de jeux d'eau et participer. Grande première donc : Léo, en maillot de bain, tente l'aventure. Il touche l'eau avec sa main avant de hasarder un pied dans la piscine, puis l'autre. Le voilà dans le grand bain. Il s'assoit sur le bord. L'eau lui arrive jusqu'en haut des cuisses. Il remue les jambes, sous l'eau, regarde ce que cela produit. Sentir et ressentir cet élément liquide et transparent qui recouvre ses jambes est tout bonnement étonnant ! Mais il se fait vite éclabousser par des plus grands qui jouent à s'arroser en se jetant de petits seaux d'eau. C'est un peu la panique pour Léo ! Le professionnel intervient, demande aux grands d'aller s'arroser un peu plus loin et propose à Léo de profiter d'une bassine individuelle qui le protégera un peu, car il est encore petit. Mais Léo refuse : il veut rester à cette place qu'il a conquise après un long chemin ponctué de temps d'observation, d'envies sans oser vraiment, d'incertitudes et avec force témérité. Il est là, il y reste ! Il a raison, l'activité « jeux d'eau » n'a pas lieu tous les jours, il doit en profiter.

L'eau représente certainement le jeu le plus apprécié des jeunes enfants accueillis à la crèche, sans doute parce qu'il ouvre de nombreuses possibilités exploratoires seul et à plusieurs. La pataugeoire répond non seulement à l'une des préoccupations majeures des petits, celle de la construction de leur image corporelle au travers l'élément liquide comme celle de la comparaison entre leur propre corps et celui de l'autre, mais aussi elle permet à l'enfant d'explorer les propriétés importantes de l'élément liquide. Les transvasements, remplissages et vidages incessants, les projections et éclaboussures, les flottaisons ou au contraire les coulées, les modifications de certains objets au contact de l'eau, et bien d'autres expérimentations sont menées sans relâche par les jeunes enfants. De plus, toutes les perceptions sensorielles sont activées lorsqu'ils participent aux jeux d'eau. La vue des objets et des corps en mouvement, le toucher de l'élément liquide si particulier et les sensations qu'il peut procurer – le chaud, le froid, le sec, le mouillé, le goût de l'eau, le bruit des éclaboussures et de l'eau qui coule, des contenants qui se remplissent, l'odeur des produits –, l'ensemble de leur corps est en alerte au niveau sensoriel, tout autant que leur cerveau. Les jeunes enfants expérimentent ainsi naturellement les lois physiques : jusqu'où peuvent-ils remplir un contenant avant qu'il ne déborde ? Comment l'eau fait-elle pour s'écouler par des petits trous ? Comment remplir à nouveau par ces mêmes petits trous ? Comment l'eau fait-elle pour arriver au robinet ? Comment ouvrir et fermer ce même robinet et comment saisir que cela permet l'arrivée ou pas de l'eau ? Ce sont ces mêmes expériences que les jeunes enfants recommencent inlassablement en variant plus ou moins les contenants, en intercalant le remplissage-vidage avec des frappes de la surface liquide d'où jaillissent des gouttes de pluie, des vagues ou même des tsunamis. L'activité « jeux d'eau » n'est pas qu'un jeu de manipulation, mais aussi un jeu de motricité. Les enfants bougent, se tournent en tous sens, entrent et sortent de la piscine gonflable, sautent d'un bac à un autre, d'une piscine à une autre ; l'eau y est à chaque fois différente et pareille. Ils s'allongent entièrement et profitent de cette sensation : être un poisson dans l'eau, barboter, nager, comme avant ! On peut ainsi comprendre la centralité pédagogique de cette activité, elle s'enorgueillit d'être le tiers ludique le plus favorable à la vie des jeunes enfants à la crèche pour la majorité d'entre eux. Ouvrir cette activité dès l'arrivée des enfants le matin permet de constater que nombre d'entre eux, qui précédemment rencontraient des difficultés à se séparer de leur parent, se précipitent pour enfiler leur maillot de bain, abrégeant de fait le temps des au revoir matinaux. Mais si l'on a l'habitude de travailler de manière « scolaire », alors on attend que tous les enfants soient arrivés pour « lancer » l'activité et là on perd la notion de tiers ludique. Dommage. Ajouté à cela que l'activité « jeux d'eau » ou « piscine » est propre à garantir une stabilité ludique et un investissement des enfants important tant en qualité qu'en quantité. Car il est faux de dire que les petits ne peuvent se concentrer que très peu de temps sur des activités identiques. S'ils peuvent profiter d'univers ludiques qui les intéressent et dans lesquels ils peuvent eux-mêmes construire leurs jeux, alors ils se concentrent longuement. Et, grâce à l'eau, de très jeunes enfants peuvent passer des heures entières à jouer, à expérimenter, à inventer, à tenter, à oser. Par ailleurs, la pataugeoire semble être le jeu le plus à même de favoriser l'harmonie entre sécurité et aventure, les deux opposés nécessaires au développement du jeune enfant. L'eau, la rondeur des petits bacs, piscines gonflables ou bassines, dans lesquels les enfants peuvent se lover, la tiédeur de la matière liquide qui les réchauffe et les contient, sont autant de critères de sécurité envisageables pour eux. Mais l'eau ludique est également l'occasion de relations interpersonnelles. S'asperger soi-même et faire rire le voisin, tenté par l'imitation, éclabousser l'autre au risque de provoquer soit le jeu, soit le conflit, laver ensemble des poupées, se laver le corps ou celui de l'autre, voire laver ensemble les murs de la salle de jeux d'eau, souffler de concert dans des tuyaux cracheurs d'eau… L'eau est une aventure qui devient encore plus intéressante lorsqu'elle se tente à plusieurs. Cela tombe bien car la raison même de la collectivité est de rassembler un certain nombre d'enfants. Pouvoir y pratiquer ensemble des activités différentes de celles de la maison est l'intérêt que présente la crèche. Certes, chaque enfant pourra peut-être, chez lui, s'ébattre dans le bain, mais il n'aura sans doute pas fréquemment l'occasion d'y faire « piscine » avec une bande de copains ! Et l'eau est bien plus favorable à la rencontre que des activités où chaque enfant, assis à une table, œuvre à la réussite d'une demande adulte : la couronne des Rois à colorier ou la galette en pâte à sel à fabriquer. En sept ou huit minutes, le tour est joué et l'enfant retourne à d'autres activités ! Mais dans ce cas, activités libres et activités dirigées sont différenciées par les professionnels. D'un côté l'enfant joue, de l'autre il apprend, alors que nous savons que c'est le propre du jeune enfant de faire ses apprentissages grâce à son activité ludique. Avec l'eau, difficile de passer commande : rien à construire, rien à produire, rien à fournir et à la fin il ne reste rien d'autre que le souvenir du plaisir pris et partagé. Est-ce du jeu libre ou une activité dirigée ? Peut-être un atelier : l'atelier eau ! On y travaille ! Que fait l'enfant avec l'eau ? Il apprend tellement de choses… Et en jouant, en plus !

La pataugeoire aurait pu devenir un incontournable des crèches. Malheureusement, les jeux d'eau sont souvent corrélés à des critères de faisabilité rendus particulièrement sévères par et pour les professionnels : petit nombre d'enfants, grand nombre de professionnels, présence du responsable, absence d'épidémie, etc. Ces derniers, même s'ils considèrent l'activité intéressante, ne la proposent qu'au regard de la conformité à des exigences qui sont variables selon les équipes. L'architecture n'est souvent pas assez réfléchie pour faciliter la tâche des professionnels : aucune salle n'est prévue, le sol est glissant, obligeant les professionnels à étendre des serpillières ou des tissus éponges qu'il faudra tordre à la fin, tâche difficile lorsque les tissus sont gorgés d'eau. Le remplissage des piscines est rendu difficile si aucun tuyau n'amène l'eau : il faut jouer les « Cosettes » et transporter des seaux, l'eau est trop froide ou trop chaude, les robinets sont inaccessibles, mal pensés ou trop durs pour les petites mains ; les enfants tentent le jeu d'eau dans les petits WC qui, eux, sont évidemment accessibles, mais interdits ! À la fin, l'eau s'écoule mal et il faut encore éponger, nettoyer, balayer : un vrai combat pour des professionnels pourtant motivés au départ ! Sans compter que la mobilisation importante de professionnels pour l'organisation, la mise en place comme le rangement, diminue d'autant leur présence auprès des enfants qui n'ont pas encore commencé à jouer dans l'eau ou ont déjà terminé. Cet environnement ludique n'est donc que trop rarement proposé à la crèche. Parfois on attend les beaux jours pour l'organiser à l'extérieur, mais d'autres contraintes s'ajoutent aux professionnels : il fait trop chaud et la chaleur comme le soleil sont tous deux néfastes aux petits, il faut les protéger ; il y des insectes qui peuvent les piquer ; ou tout simplement pour certains parents cela ressemble trop à des vacances, ils ont l'impression que les professionnels ne travaillent pas mais s'amusent ! Est-ce de l'envie de leur part ? Car prendre plaisir à être avec de jeunes enfants est une donnée importante du travail des professionnels. Cela ne peut donc pas leur être reproché, quand même !

Léo dessine

Léo commence à faire des dessins à la crèche. Ses parents sont très contents car en fait ce sont ses premières œuvres. Ces dernières ont beaucoup de valeur pour eux. Ils sont fiers car Léo est un artiste en herbe, comme tous les jeunes enfants d'ailleurs ! Il y a quelque temps encore, Léo mangeait les crayons, s'amusait à les rassembler dans un pot et à les transvaser un par un dans un autre pot. Parfois il prenait le pot d'un autre enfant, pas toujours d'accord avec lui ; cris et pleurs assurés ! Ou encore il les laissait glisser le long de la table pour écouter le joli bruit qu'ils faisaient en tombant. Les adultes n'étaient pas contents de ses expériences. Mais maintenant qu'il trace sur la feuille blanche aplatie devant lui, qu'il s'étonne lui-même de ce qu'il fait, qu'il recommence avec un autre crayon, une autre couleur, bref, qu'il gribouille, ses parents sont fiers de lui et ne le disputent plus lorsqu'il joue avec les crayons. Léo est heureux, mais pas ou pas seulement parce qu'il fait plaisir à ses parents. Il jubile de ce qu'il vient de découvrir : la trace, les couleurs, autre chose peut-être. « C'est beau ce que tu as dessiné », disent les professionnels. Léo est étonné de ce compliment auquel il ne s'attendait pas.

Mais est-ce vraiment beau ? On en doute. Ce sont quelques traits informes avec des couleurs tellement mélangées qu'il n'en ressort qu'un drôle de marron : une non-couleur, somme de toutes les autres. Que représente ce dessin de Léo ? À l'inverse du futur pilote qui, enfant, demandait aux adultes si son dessin du boa qui digérait un éléphant leur faisait peur, Léo, plus jeune, ne demande pas aux adultes si son dessin est beau. Dans *Le Petit Prince*, les grandes personnes « *ont toujours besoin d'explications* » et « *ne comprennent jamais rien seules, et c'est fatigant pour les enfants, de toujours et toujours leur donner des explications* ». Elles ne comprennent pas que l'enfant a dessiné un boa qui a avalé un éléphant et pensent qu'il s'agit d'un chapeau. Et même lorsque le petit dessine le boa en coupe pour montrer l'éléphant à l'intérieur, elles lui conseillent de « *laisser de côté les dessins de serpents boas ouverts et fermés, et de [s]'intéresser plutôt à la géographie, à l'histoire, au calcul et à la grammaire. C'est ainsi [qu'il a] abandonné, à l'âge de 6 ans, une magnifique carrière de peintre. [Il avait] été découragé par l'insuccès de [son] dessin N° 1 et de [son] dessin N° 2* ». À l'inverse, à la crèche, ces mêmes grandes personnes ne découragent pas les enfants. Mais elles pensent que l'encouragement passe par le fait d'ajouter des commentaires, d'émettre des jugements (toujours) positifs sur ce que fait l'enfant. Et donc, quoi que dessine l'enfant, il s'entend dire : « *c'est bien !* » et « *c'est beau !* » ou « *qu'as-tu dessiné Léo ?* ». Ou encore : « *nous donnerons ton dessin à Maman ce soir, elle sera contente.* »

Ainsi, avec les jeunes enfants, soit les adultes leur demandent des explications sur ce qu'ils ont produit, soit ils font des commentaires et jugent ce qu'ils ont fait : c'est bien, c'est beau. Or, si Léo a certes envie de faire plaisir aux adultes et surtout à ses parents, il n'en demeure pas moins incompris. Léo est encore petit et ne pense pas que ce qu'il est en train de découvrir est la source du contentement des adultes. Il est dans l'immédiateté de son propre plaisir ludique occasionné par ses découvertes, ses expériences. Entre la feuille et les crayons, il expérimente, crée un rapport inattendu entre l'un et l'autre, fait des essais, des traces, recommence en se demandant si ses actions produiront toujours les mêmes résultats. Il vit le moment présent, établit des liens de cause à effet grâce à ses actions de crayonnage. Il crée des traits grands ou petits, qui serpentent, se prolongent ou s'arrêtent, se mêlent les uns aux autres jusqu'à se confondre, s'arrondissent jusqu'à se rejoindre en un cercle : ça c'est inattendu ! Léo regarde aussi ce que font les autres enfants et se pose des questions. Faire des traces sur sa feuille, est-il pareil que sur la feuille de l'autre ? Alors il essaie de dessiner sur la feuille de Léa, à côté de lui, pour voir si son crayon fait aussi ces choses aussi inattendues. Mais là, l'adulte l'arrête de suite. Car même si Léa semble partante et s'en amuser, il ne faut pas dessiner sur la feuille de la voisine car sinon cela pose un problème : que vont dire les parents de Léa ? Ils veulent bien s'extasier devant les traits de crayon de leur fille mais pas devant ceux de Léo. Le dessin n'est donc pas l'occasion d'un partage de relations sociales, mais un « travail personnel » à rendre ! C'est incompréhensible pour Léo. D'autant plus que cela change de la dernière fois. En effet, les professionnels avaient décidé de faire une fresque. Tous les enfants avaient alors été invités à participer et avaient essayé de se créer un espace sur la grande feuille commune. Alors à l'inverse, ce jour-là Léo avait eu du mal à vivre la proximité avec les autres, cela l'avait bloqué. Aujourd'hui qu'il découvre sa nouvelle aventure – produire des traces sur sa feuille –, il souhaite aller plus loin et voir ce que cela donne sur la feuille de Léa. Mais la consigne est donnée différemment : chacun possède un espace individuel d'expression et il n'est pas question de les mélanger. En effet, tous les dessins seront affichés avec le nom de chaque enfant : alors la compétition peut débuter et chaque parent être plus ou moins valorisé par l'œuvre de son enfant ! Mais cela Léo ne le comprend pas.

N'y a-t-il pas d'autres voies éducatives dans le travail des professionnels d'accueil des jeunes enfants ? Une manière de se mettre à la hauteur du Petit Prince Léo, de le regarder s'activer, d'essayer d'apercevoir ses moments de contentement extrême, ses essais, ses rebours, ses tentatives de séduction de la petite Léa, son remplissage des espaces vierges et blancs comme autant de preuves de ses agissements ? À trop vouloir faire entrer l'enfant dans le moule scolaire de la production qui, de plus, doit contenter l'adulte professionnel et ses parents, de la même manière que le fera plus tard la « bonne note » ou le « soleil » ou la « bonne appréciation », on passe à côté de sa petite enfance et de ses compétences du moment. Au tout début, Léo ne dessine pas pour faire plaisir à ses parents ou aux autres adultes. Il découvre l'utilisation d'un outil, notion que les jeunes enfants ne comprennent pas avant la fin de la deuxième année. C'est pour ça que Léo mangeait ou jetait les crayons auparavant. Pour lui ils étaient des objets comme les autres dont les propriétés étaient à explorer. Il découvre maintenant une nouvelle manière d'utiliser les crayons, autre que celle qu'il utilisait avant, lorsqu'il les mangeait ou de les faisait tomber au sol. Il comprend qu'il peut créer quelque chose qui n'existait pas avant. Il peut le faire sur sa feuille ou sur celle de sa voisine. Cela lui permet d'entrer en contact avec elle pour partager quelque chose du domaine du plaisir de faire ensemble. C'était une nouvelle aventure, de celles que peut chaque jour lui proposer la crèche où il séjourne. De celles qui le font aller de l'avant et grandir. Les professionnels peuvent observer tout cela et n'intervenir que pour dire les mots dont Léo ne dispose pas encore pour mentionner à quel point il montre de l'investissement dans cette activité de dessin, qu'il est intéressant pour lui d'être passé du fait de manger les crayons à d'autres sensations plus créatrices, qu'il s'applique à remplir de couleurs variées ce qui n'était auparavant qu'uniformément blanc, qu'il s'essaie à conquérir aussi la feuille de la voisine. Et tant qu'elle est d'accord, pourquoi pas ? Il sera toujours temps de dire non si elle montre qu'elle préfère ne pas partager. Les professionnels des crèches ne sont pas là pour donner des consignes afin que les petits enfants se conforment à un formatage scolaire qui les dépasse, mais ils doivent, au contraire, être en mesure de suivre leur chemin exploratoire, en pensant toujours que ces enfants sont à un moment de leur développement où leurs capacités les poussent dans ce sens. En devançant, en allant trop vite, on les abîme. La consigne, la règle, de plus changeante, devient un abus de pouvoir des adultes sur les jeunes enfants lorsqu'elle est posée à l'encontre de leurs aspirations développementales.

Dire à Léo l'importance que revêtent aux yeux des professionnels ses actions avec la feuille et le crayon permet de valoriser ses découvertes sans tomber dans la pauvreté d'un « c'est bien » ou d'un « c'est beau », qui ne lui apportent rien d'autre qu'un jugement de valeur honteusement faux. Connaître les compétences des jeunes enfants permet d'éviter de leur servir régulièrement une formule insipide et vide de sens, à eux qui passent leurs journées à explorer le sens de toute chose. Signifier que ce joli dessin, ils l'ont fait pour Papa ou pour Maman, qui seront contents de l'exploit de leur enfant, première production d'une longue série, n'est rien d'autre qu'un contre sens honteux sur leur capacité créatrice et leur volonté d'apprendre. Ce n'est pas digne de spécialistes de la petite enfance.

Léo danse

Mercredi 10 heures à la crèche. Les éducatrices décident de proposer aux enfants de danser. Cela tombe bien, ils adorent. « Allez, venez, on danse ! » dit l'éducatrice pour rassembler les enfants. Ils arrivent vite et attendent le signal de la chanson. Elle appuie sur le bouton du lecteur de CD et c'est parti ! Le hit du moment c'est *Justin, le petit lapin* : une chanson à gestes. Les enfants suivent et miment les aventures du petit lapin Justin. C'est le matin, Justin se réveille (les enfants doivent se frotter les yeux), il s'étire (ils lèvent tous les bras en l'air pour s'étirer à l'image de l'éducatrice qui leur montre), il fait sa toilette – c'est l'occasion pour les enfants de repérer et de décrire les différentes parties de leur corps qu'ils doivent frotter avec leurs mains : les oreilles, les yeux, le bout du nez, les pattes, le ventre, le dos… Sans oublier son petit bout de queue (ils essaient de se taper sur les fesses) !

Mais on est à peine arrivé à la fin de la toilette du lapin que Léo, tout excité à l'idée de la suite de l'histoire qu'il adore, s'éloigne un peu, court et commence à sauter dans tous les sens. L'éducatrice qui est à la manœuvre et dirige son petit monde n'accepte pas cette « incartade ». Elle rappelle Léo et lui signifie vertement que ce n'est pas bien du tout ! Ce n'est pas ça qu'il faut faire ! Il doit écouter l'histoire, la suivre et faire comme les autres, au bon moment. Car en fait, après la toilette, Justin le lapin mange du thym et du serpolet (les enfants doivent faire semblant de manger), puis il creuse son terrier – comme l'éducatrice, les enfants se mettent alors à quatre pattes et font le geste de creuser le sol avec leurs mains (pattes avant), puis avec leurs pieds (pattes arrière) – et c'est seulement plus tard que Justin le lapin peut sauter comme un fou pour faire la fête. Or Léo, c'est le moment qu'il préfère, le seul d'ailleurs. Ce qu'il aime dans la danse c'est danser. Il se moque pas mal de frotter les différentes parties de son corps, de faire semblant de manger ou de se mettre à quatre pattes pour creuser, il se moque aussi de l'histoire de Justin le lapin. Ce qu'il veut c'est danser, bouger son corps, sauter au son de la musique et s'amuser. Alors c'est vrai, il prend un peu d'avance et lorsque les éducatrices annoncent la danse et qu'il entend les premières notes, il se précipite avec les autres, tout heureux à l'idée de danser. Mais il a du mal à attendre la fin de l'histoire et ne résiste pas longtemps. Le voilà parti pour son moment de plaisir : danser ! Or, il ne danse pas au bon moment ! Le « allez ! On danse » si prometteur ne signifie pas qu'il peut faire « n'importe quoi ! » Il y a des règles, un disque qu'il faut écouter, une histoire qu'il faut suivre, des gestes qu'il faut faire tous ensemble, des éducatrices qui veillent à la cohérence de l'activité et du groupe. Bref, Léo n'est pas dans le tempo et cela lui est signifié : « Léo ! arrête de faire le fou ! »

Vexé, Léo s'assied par terre. Il ne fait plus rien. Il se ferme, entre dans une bulle de chagrin et de protection. Il ne dérange plus personne, reste sage. On l'oublie. Léo est un hypersensible, un « douillet affectif ». Alors lorsqu'on l'arrête ainsi dans son élan, il prend une vraie claque et reste comme sidéré. C'est pour lui un « petit traumatisme » que personne ne relève. Les éducatrices sont trop occupées par l'animation de la danse et la gestion du groupe. C'est, selon elles, leur travail. Mais tous les enfants sont inégaux pour ce qui concerne leurs émotions. Ils ne les régulent pas tous de la même façon. Pour certains, comme Léo, se faire reprendre par l'éducatrice à un moment où il vivait un si grand plaisir, cela prend une dimension plus intense et plus forte que pour un autre enfant. Un autre que Léo aurait peut-être réagi tout aussi fortement mais différemment. Il aurait pu faire une grosse colère ou/et se jeter par terre. L'éducatrice lui aurait alors dit de se calmer, d'arrêter de crier. Mais cela n'aurait servi à rien. Les grands émotifs ont, encore plus que les autres enfants, besoin d'être compris et aidés pour apprendre, petit à petit, à mieux contrôler leurs émotions. Si l'on cherche les moyens d'arrêter la colère par exemple, on est fichu. Car ce qu'il faut ce n'est pas chercher le quoi faire mais le comment être avec eux[29]. Les jeunes enfants ont des émotions qu'ils doivent apprendre à comprendre, à exprimer, à gérer ou à contenir. Cela ne se fait pas du jour au lendemain et dépend aussi de l'aide qu'ils reçoivent de leur entourage. Les professionnels doivent aussi apprendre à accompagner les jeunes enfants sur le plan émotionnel avec des mots qu'ils n'ont pas encore.

Lorsque pour Léo vient enfin le moment de sauter, de danser et d'applaudir, les professionnelles ne pensent pas à solliciter Léo, toujours assis au sol. Il regarde tristement les autres. Certains s'approchent de lui. Est-ce une invitation ? Que pense Léo ? Il ne bouge pas. Ces enfants hypersensibles supportent difficilement de décevoir, ils aiment faire bien, plairent aux adultes, être traités délicatement. C'est le cas de Léo. Alors qu'il s'est laissé emporter par son enthousiasme, il a déçu l'éducatrice. Elle a dû intervenir, le réprimander, elle n'a rien compris, elle n'a pas cherché à le comprendre. C'est peut-être ce qui a perturbé le plus Léo. Il s'est alors éteint. Et quand l'activité « danse » se termine, qu'il faut se laver les mains pour aller manger, Léo reste assis. L'éducatrice lui demande alors : « mais qu'as-tu donc Léo ? » Et sans attendre aucune réponse *:* « Allez, lève-toi et viens te laver les mains ! » Il obéit, docile. Elle n'a presque rien vu, ni perçu de son désarroi. Cette scène n'a pas existé pour elle. Elle ne fait pas partie de sa « pédagogie » !

29. Claudia Gold, « Porter les émotions de ses enfants », *in Sciences Psy* N° 1, novembre 2014-janvier 2015, p. 84-88.

Pourtant ces situations sont fréquentes. Un œil extérieur et observateur les reconnaît. Ce sont celles où les professionnels sont très occupés à « faire faire » des activités aux enfants. Ces dernières sont organisées, cadencées, régulées par des adultes qui laissent peu de place à l'initiative et au petit grain de folie de l'enfant. Ils pensent « groupe », « gestion du groupe », « suivi du groupe » et ont peur de se laisser déborder par des enfants qui ne suivraient pas leur plan. Impossible pour eux de s'arrêter et d'envisager que Léo soit déjà un lapin sauteur, avant d'être un lapin mangeur ou bâtisseur ! Impossible pour eux d'envisager de ne pas suivre la chanson pour un seul enfant alors que les autres sont dans le rythme. Mais s'il est important de suivre l'histoire, dans sa vérité, pour bien la comprendre et la respecter dans la vérité de son auteur, il l'est tout autant d'établir une relation singulière avec chaque enfant, car la notion de groupe lui est encore étrangère. Cette relation entre l'adulte et l'enfant est avant tout basée sur l'affection que l'adulte doit montrer à l'enfant : « Mais Léo, je vois que tu es très en avance sur la chanson, que tu as très envie de danser et j'aime te voir danser, mais tu vas trop vite. écoute la chanson, que dit-elle ? Je vais reprendre avec toi » Prendre ce temps avec Léo, comme avec chaque enfant présent, est le travail pédagogique que doit effectuer tout professionnel. On ne demande pas à l'enfant de respecter des règles de manière idiote car tout le monde doit faire ainsi. Non ! Mais on est exigeant, à la fois envers soi-même pour, à tout moment, s'intéresser vraiment à l'enfant et le lui montrer : c'est le fameux « tu sais combien je t'aime ! » Et aussi envers l'enfant qui apprend : une histoire a un début, un milieu et une fin.

Alors finalement qu'est-ce qui est essentiel ? De ne pas aller trop vite. De prendre le temps de vivre chaque « petit » moment comme autant de temps primordiaux dans l'éducation de chaque jeune enfant. De ne jamais vexer un enfant en le rabaissant, en lui disant qu'il fait n'importe quoi ou qu'il doit faire comme tout le monde. De ne jamais « oublier » un enfant pour s'occuper de la majorité ou du groupe. De rester toujours bienveillant envers l'enfant tout en étant aussi très exigeant.

Ainsi dans toute histoire lue, racontée ou chantée, il est possible de s'arrêter, de parler aux enfants ou à un enfant, de commenter les erreurs des uns ou des autres pour les transformer systématiquement en conquête ultérieure. Il est normal que Léo aille automatiquement à la danse qu'il apprécie, mais il va apprendre aussi à prendre le temps d'apprendre la chronologie de l'histoire, avant de danser, parce que les éducatrices qui l'aiment ont particulièrement envie qu'il l'apprenne. En cela, seuls les adultes peuvent aider Léo. Cela demande un gros travail, en tant que pédagogue, pour laisser cette « première » place à l'enfant et non au groupe ! Mais l'estime de soi, la confiance en soi, le désir d'inventer, d'essayer, de s'exprimer naissent de ces moments trop rares où les adultes savent aider l'enfant à déployer ses ailes au lieu de les lui couper. Car comme le souligne Boris Cyrulnik : « *Le paradoxe de la condition humaine, c'est qu'on ne peut devenir soi-même que sous l'influence des autres*[30]. »

30. Boris Cyrulnik, « Mémoire, émotions, existence », interview *in Sciences Psy* N° 1, novembre 2014 décembre 2015, p. 30-35.

La sortie de Léo

Les équipes de crèches mettent toujours un point d'honneur à permettre aux enfants de sortir tous les jours dans le jardin, quand le temps le permet, évidemment. Dans d'autres pays, le temps qu'il fait ne représente pas réellement un problème. Les jeunes enfants des pays scandinaves ou du Canada, accueillis dans les crèches, passent beaucoup plus de temps à l'extérieur que nos jeunes français. Dans nos crèches, nous considérons la sortie dans le jardin comme une « obligation » sanitaire et/ou une « récréation » salutaire, mais pas comme un espace de vie ou de jeu faisant entièrement partie du développement du petit. Aller dehors c'est s'aérer, prendre l'air frais et oxygéner son organisme. Les petits en retirent des bienfaits physiologiques et profitent de ces moments où ils ont plus d'espace pour courir, sauter et faire les fous. Mais les jardins ne sont pensés qu'en termes sécuritaires avec des sols souples, des mobiliers homologués et des barrières de sécurité. Parfois demeure encore quelque bac à sable lorsque les équipes ont su lutter contre la vague hygiéniste actuellement prépondérante. Convenons que lorsqu'il fait froid ou qu'il pleut cela représente un travail difficile pour les professionnels. Il faut habiller les enfants qui se transforment alors en véritables oignons, avec des couches successives de vêtements, sans oublier ni les gants ni les bonnets. Certains petits ressemblent à des « Bibendum ». Il faut y croire à cette sortie bénéfique ! Et même aussi savoir convaincre les parents ! Depuis toujours des parents sont réticents aux sorties de leur enfant pendant l'hiver ou lorsqu'il fait froid : « il est toujours malade ! Si en plus vous le mettez dehors, c'est la fin des haricots ! ». Mais quand l'équipe ne cède pas, ils prévoient des habits en conséquence : « habillez-le bien pour qu'il n'attrape pas froid, sinon c'est le rhume assuré ! ». « Mais Papa, Maman, voyez-vous, à l'extérieur il y a plus de lumière, ce qui est bon pour développer le système immunitaire de bébé. Et le froid tue les microbes. Il y a donc moins de méchantes petites bêtes dehors que dans les salles surchauffées où les enfants sont en plus les uns sur les autres. Et dehors, comme il y a plus d'espace il y a moins de risque qu'ils se passent leurs microbes des uns aux autres ». Voilà pour les arguments en faveur de la sortie. Mais il existe aussi des arguments contre les sorties : les jours de pollution par exemple ou les jours de tempête et de déluge... De toutes les façons, il faut que l'enfant soit dans des vêtements bien chauds et qui le gardent au sec. Donc nous voilà avec Léo à l'activité habillage des enfants pour la sortie extérieure. Et il faut de l'organisation : une auxiliaire de puériculture habille et l'autre réceptionne dehors, car si on attend que tous les petits soient habillés pour sortir, le premier est déjà rouge écarlate, en surchauffe, avant même d'atteindre le sol du jardin. Et ensuite c'est le choc thermique assuré. Donc avec un peu d'organisation et de savoir-faire, tout le monde part jouer une bonne demi-heure dehors. Y compris Léo. Certes, Léo est encore petit, il ne marche pas encore. Mais l'équipe juge ce jour-là que le bon air lui fera du bien. Alors le voilà emballé dans une grosse doudoune et installé dans une poussette qui sert aux sorties extérieures. Et c'est parti pour un petit tour dehors.

Une fois dehors, le jardin n'étant pas bien grand, le tour en est vite fait. Alors la poussette fait du sur-place. Léo attend, bien sagement calé en position demi-assise ou plutôt demi-allongée. Les auxiliaires de puériculture sont vite happées par les autres enfants, ceux qui courent et grimpent partout. Ceux qui se font remarquer en montant le toboggan à l'envers. Ceux qui tombent et pleurent, ceux qui veulent la voiture rouge dans laquelle un autre enfant s'est déjà installé. Ou encore, ceux qui ont le nez qui coule et veulent être mouchés. Il y a du travail, sortir n'est pas de tout repos pour les professionnels. Et tous ne sont pas dehors car il faut aussi qu'une partie du personnel reste dedans avec les enfants qui dorment ou qui ne peuvent vraiment pas sortir. Léo ne dit rien dans sa poussette. Il regarde le ciel et cherche le soleil. Il fait danser ses mains dans la lumière du jour, devant ses yeux. De toute manière, il ne peut pas regarder autre chose car dans sa position presque allongée, il ne voit pas ce qui se passe de chaque côté de la poussette. Il écoute les cris des autres enfants et les paroles des adultes. Il ressent le vent et le froid. Il ne dit rien et profite de toutes ces stimulations sensorielles. Stimulations qu'il n'a pas dans sa poussette personnelle car ses parents y ont installé une protection en plastique. Certes, elle le protège du froid et de la pluie, mais de ce fait Léo ne ressent jamais l'air du temps. Il reste caché, bien protégé dans sa bulle, bien trop isolé de tout ce qu'il pourrait percevoir. En fait, c'est un véritable isolement sensoriel. Là, Léo est content car il perçoit le soleil sur sa peau et cela lui fait fermer les yeux, il sent aussi le souffle du vent sur ses joues ce qui le chatouille, il entend les cris des enfants, ce qui le rassure un peu aussi. Mais le temps passe. Cela fait bien un quart d'heure qu'il est dehors et que personne n'est venu ni le voir, ni lui parler. Il est tout seul dehors, abandonné au milieu de la cour, dans sa poussette, navire protecteur au milieu des flots de cris d'enfants. À quoi pense-t-il ? Pourquoi ne se manifeste-t-il pas ? Un bébé qui ne dit rien est-il un bébé qui n'a besoin de rien, de personne, qui se suffit à lui-même ? Un quart d'heure, c'est déjà un temps bien long pour un bébé bloqué par la ceinture de sécurité et qui ne peut regarder que le ciel ! Que c'est étrange cette poussette qui semble abandonnée au milieu du jardin.

Des enfants finissent par remarquer la poussette et s'approchent. Ils touchent Léo, baragouinent quelques mots à son intention et décident d'aller le promener. Il faut dire qu'une poussette qui roule c'est bien tentant. L'auxiliaire de puériculture intervient en voyant cela : « Les enfants, il ne faut pas toucher à la poussette de Léo ! » Pourtant, ces quelques interactions ont particulièrement intéressé Léo. Il n'est plus tout seul. Les autres enfants l'ont ramené dans ce monde, comme bébé parmi d'autres humains. Il ne flotte plus seulement entre le soleil et le vent, dans un autre type d'isolement relationnel cette fois. Des petits humains ont pris acte de sa présence, lui ont parlé, lui ont signifié qu'il faisait partie des leurs et qu'ils avaient des intentions pour lui : aller le promener. Bref, ces jeunes enfants ont sorti Léo de sa prostration, de sa fascination sensorielle et l'on réveillé à nouveau à la relation humaine. Tu es là, avec nous, tu existes Léo. De ce fait, l'auxiliaire de puériculture prend également le temps de parler à Léo. Elle lui demande comment il se sent, s'il est content de goûter l'air frais du jardin. Ouf ! Léo n'est plus perdu au milieu de nulle part. Il y a des personnes qui lui parlent, qui lui sourient, qui lui demandent comment il se sent.

Les enfants nous montrent souvent le chemin, même lorsqu'il s'agit de rétablir des situations un peu périlleuses comme un enfant qu'on oublie parce qu'il est tellement « sage » ! On peut leur faire confiance sur le fait qu'ils nous interpellent au bon moment, au bon endroit, pour de bonnes raisons. Mais les adultes ont l'habitude de penser que les enfants font des bêtises, qu'ils peuvent ici mettre en péril un bébé en le touchant ou en souhaitant pousser sa poussette. Cette immobilité les a gênés à un moment. Et il aurait mieux convenu de les féliciter plutôt que de les reprendre. C'est bien heureux tout de même qu'ils aient attiré l'attention de l'adulte sur Léo. Alors pourquoi ne pas les remercier ? Alors : « merci les enfants, il est vrai que nous avions quelque peu oublié Léo. Il est tellement calme et semble absorbé par la lumière ! Mais il est grand temps de nous rappeler à lui et lui parler un peu… Vous avez raison ! » Savoir reconnaître ses défaillances professionnelles permet aussi de les corriger. Un bébé doit-il rester dehors dans sa poussette ou voir le monde bouger ?

Léo va au spectacle

« *Spectacle jeune public à partir de 9 mois* » : les professionnels de la crèche avaient vu l'affiche dans un magazine et s'étaient enthousiasmés à l'idée de proposer aux enfants un tel spectacle pour la fête de fin d'année. Les parents viennent toujours. Ce serait donc l'occasion de leur faire plaisir. Ils seront ravis de voir leurs enfants fascinés par une telle représentation et entrer ainsi dans le monde de la culture théâtrale, dès leur plus jeune âge. La crèche est aussi un lieu d'éveil culturel. Évidemment c'est un peu cher. Mais l'équipe a su convaincre le gestionnaire de la crèche : un spectacle est toujours une belle vitrine, n'est-ce pas ? La crèche se doit également d'être un espace culturel !

Et le jour de la fête de Noël à la crèche est enfin arrivé. Les professionnels se sont donné beaucoup de mal. Ils ont décoré l'ensemble de la crèche, ont poussé les meubles pour laisser la place à la scène, installé des tapis pour que les petits puissent s'asseoir confortablement, rassemblé les enfants de toute la crèche car le spectacle est prévu pour une cinquantaine de spectateurs et enfin ils ont accueilli les parents. Tout le monde semble heureux, même si le calme est particulièrement difficile à obtenir. Il y a un peu d'électricité dans l'air. La lumière s'éteint. Le spectacle peut donc commencer. Ouf ! les enfants commençaient à s'impatienter. Pourquoi leur demande-t-on de rester assis ici. Ce n'est pas vraiment habituel. Léo s'agite.

– « Chut ! »

– « Attention ! »

– « Non, reste assis. »

– « Regarde comme c'est beau ! »

– « Pourquoi tu pleures ? »

– « Arrêtez tous les deux, regardez le spectacle ! »

– « Attend un peu, on ira dès que ce sera terminé. »

– « Non, tu ne peux pas aller sur la scène ! »

– « N'aie pas peur, je suis avec toi… »

– « Ne bouge pas ! »

– « Viens dans les bras. »

– « Est-ce que quelqu'un peut aller chercher le doudou de Léo ? »

Ouf ! le spectacle et terminé. Les parents ont beaucoup apprécié et applaudissent. Les professionnels aussi. Sauf certains qui ont remarqué que la majorité des enfants, les plus petits surtout, n'étaient pas à l'aise du tout. Peurs, pleurs, cris sont aussi de la fête. C'est aussi ce qui arrive à Léo. En plus, ses parents n'ont pas pu arriver à l'heure. Léo regarde avec angoisse son auxiliaire de puériculture qui l'a pris dans ses bras, lui parle gentiment et a demandé à une collègue d'aller chercher son doudou, pour l'aider à se calmer. Léo a eu peur, très peur. Peur du noir, peur de la dame et du monsieur qu'il n'a jamais vus et qui lui semblent bien étranges, peur des drôles de bruits, des objets qui surgissent et disparaissent alors qu'il ne s'y attend pas, peur de la salle qu'il ne reconnaît plus, peur du trop grand nombre de personnes qui se trouvent là bien trop près de lui. Il se « méconnaît ». Sa copine Léa n'a pas eu peur. Elle voulait se lever pour aller toucher les personnages et les objets. Elle a essayé d'y aller mais à chaque fois son papa l'a rattrapée et lui a demandé de rester assise. De ce fait, elle pleure aussi. Eh bien oui, c'était très attirant et donc très frustrant de ne pas pouvoir toucher. Il y avait des choses qui volaient comme des bulles et des ballons. Il y avait des marionnettes qui parlaient, des cadeaux avec des rubans, etc. Mais pourquoi donc ne peut-elle pas toucher ? Rongée par la frustration, elle finit par se mettre en colère et se jette par terre en criant et en pleurant. Il est vrai que ne voir qu'avec les yeux est difficile pour des petits qui sont plutôt dans la multimodalité[31]. Ce qui signifie qu'ils perçoivent le monde avec l'ensemble de leurs capacités perceptives. Ils combinent les modalités sensorielles pour apprendre mieux et plus vite. Ils comprennent donc d'autant mieux ce qu'ils peuvent voir, entendre, toucher, sentir et goûter. D'où sans doute le fait qu'ils mettent tout à la bouche. Lorsque l'ensemble de leurs informations multimodales est cohérent, alors ils peuvent en tirer des conclusions sur leur entourage, sur le fonctionnement des objets, sur leurs propriétés et globalement sur leur environnement. Lorsque cet environnement change du tout au tout si rapidement, et qu'en plus ils ne peuvent accéder aux informations que de manière parcellaire et sans habituation possible, alors cela ne sert à rien d'autre qu'à leur faire peur ou à les frustrer.

Ainsi, à la crèche, c'est bientôt une symphonie de pleurs et les auxiliaires ne savent plus quoi faire. Heureusement que le spectacle ne dure pas longtemps. Elles ont réussi à maintenir le calme pendant presque toute sa durée, mais maintenant que la lumière est revenue, ce n'est plus le cas. Des petits sont perdus et demandent les bras, ils pleurent. D'autres courent partout, complètement excités. Pour les professionnels, il faut absolument garder leur calme et montrer aux parents leur professionnalisme et leur capacité à gérer la difficile situation. Comment faire revenir le calme et la sérénité ? Vite, rester assis et chanter. En voilà une bonne idée. Les enfants reconnaîssent les chansons que les auxiliaires ont l'habitude de leur chanter chaque jour. *Le petit bonhomme*, *La famille tortue*, *Le crocodile*, *Le poisson rouge*, etc. Les enfants

31. Roger Lécuyer, Karine Durand, « D'où viennent les premières connaissances des bébés », *in Le journal des professionnels de la petite enfance*, N° 77, juillet-août 2012, p. 37-40.

se prennent au jeu, se calment, et pour certains commencent à suivre les gestes qu'ils ont maintes et maintes fois vus faire par les professionnels et les autres enfants aussi. Nos petits « bayésiens » sont en pays connu, ils savent à quoi s'attendre, ce qui les rassure. La chanson implique le geste, le mouvement, voire les applaudissements. Ils peuvent se lever, écouter debout, se promener dans la salle, libérer leurs bras pour faire le marteau de pomme de reinette, leurs jambes pour sauter au plafond avec le clown, s'accroupir pour faire le tout petit bonhomme. L'atmosphère se détend et, à la surprise des professionnels, les parents demandent la chanson *Petit Papa Noël.* Oui, oui, celle de leur enfance, celle de l'enfance de tous. Cette fois, ce sont tous les adultes qui chantent, professionnels comme parents. Tout le monde la connaît. Les enfants ne bougent pas : ils sont sidérés par la joie de leurs parents et de leurs auxiliaires de puériculture. Cette chanson qu'ils entendent, certains pour la première fois, les réunit tous dans un véritable moment de bonheur partagé. C'est le travail de toute une année qui est ici mis en valeur avec trois fois rien. Non seulement la culture enfantine dispensée par les professionnels est basée sur les chansons de doigts, de mains, de gestes, de ronde, de langage, mais elle est répétitive. Cette culture est transmise aux enfants de la crèche, par les professionnels comme par les parents et avec elle aussi le plaisir. Celui d'être ensemble, de participer à l'éducation de ces jeunes enfants dans une action commune et interactive pour les enfants comme pour les adultes. C'est tout le travail relationnel avec les parents, la confiance réciproque et le partenariat créé pour l'éducation des jeunes enfants.

Était-il nécessaire de dépenser autant d'argent pour le spectacle de Noël alors que finalement le spectacle est dans la salle ? La passivité nuit à la petite enfance. Elle ne lui correspond en rien. Nous sommes parents, professionnels de la crèche, enfants, les acteurs de ces moments de réunion festifs qui ponctuent l'année et nous permettent de partager aussi une culture et des savoirs. Le partage et l'action sont toujours plus utiles à tous.

Le spectacle est-il vraiment un cadeau pour les enfants ? Peut-être s'il est réfléchi autrement. En tenant compte de ce que sont les bébés, de leur manière de fonctionner, de leurs attentes. Bref, en voyant les choses de leur point de vue à eux et non du nôtre. Il leur faut des personnes qu'ils connaissent, un environnement habituel, du matériel qu'ils peuvent toucher, explorer, manipuler. Il leur faut du mouvement, l'accompagnement éclairant des adultes… Les bébés ne sont pas des spectateurs, mais des acteurs-nés. Ils vivent le spectacle en agissant sur lui, jamais en le subissant.

La représentation théâtrale classique peut sans doute attendre que le bébé n'en soit plus un. Avant il faut tenir compte de ce que sont les jeunes enfants et de leurs capacités.

La princesse de Léo

Léo et Léa sont inséparables à la crèche. Chaque matin Léo, qui arrive généralement le premier, erre sans réellement s'investir dans les jeux : il attend sa copine Léa. Dès qu'elle arrive, c'est la joie pour l'un et l'autre : ils se donnent la main et c'est parti pour une bonne journée à la crèche. Elle est en fait sa princesse à lui. Il la suit partout, c'est elle qui décide d'aller jouer dans la salle de motricité ou dans celle de l'activité de manipulation. Quand elle grimpe au toboggan, il fait de même. Il marche dans ses pas, court avec elle, joue aux jeux auxquels elle veut jouer. Il va aussi lui chercher son doudou lorsqu'elle est triste, la défend si un autre enfant l'embête, refuse de déjeuner et de goûter si elle ne se trouve pas à table à côté de lui. Ils font la sieste couchette contre couchette, mais ils font aussi beaucoup de bazar, ils chahutent et ont du mal à trouver le sommeil, empêchant même les autres enfants de s'endormir. Ils sont amoureux !

Les crèches sont aussi des lieux de rencontre pour les jeunes enfants. Elles donnent l'occasion d'expérimenter d'une façon précoce et fréquente la relation à l'autre, les comportements et les affects des autres enfants. On peut considérer que c'est, sans doute, une chance pour chaque enfant de pouvoir y développer ses propres capacités relationnelles et d'apprendre la relation à l'autre. Les situations d'intersubjectivité et d'interactions permanentes que les enfants sont amenés à vivre, particulièrement au cours des jeux dans lesquels ils agissent spontanément, contribuent à transformer leur relation aux autres. Il leur faut utiliser des compétences de vrai psychologue pour comprendre les comportements des autres et pouvoir s'attendre à certaines réactions d'autrui. C'est ce qu'on appelle la théorie de l'esprit. Comprendre que l'autre peut avoir des pensées différentes des siennes. Les jeunes enfants agissent principalement par imitation et élaborent des schémas à la fois sur leur propre façon de penser et sur celle des autres. Ainsi, imiter et être imité constituent les premières manières d'entrer en contact avec l'autre. L'imitation est une forme d'interaction sociale très puissante chez eux, tout comme les offrandes à l'autre, les gestes de saisie ou les vocalises. En intégrant les interactions qu'il a avec les autres et en les mettant en lien avec ses propres expériences, l'enfant en retire des invariants le concernant lui et les autres. Il partage des intentions et des états affectifs, il prend des initiatives et reproduit des expériences relationnelles et, très vite, il est capable d'attribuer à un autre des croyances, vraies ou fausses, qui vont diriger ses propres actions. Le jeune enfant est capable d'empathie et d'affection. Il peut donc aussi tomber amoureux.

Le « petit couple » formé par Léo et Léa fait sourire les adultes, mais les dérange aussi. Ce qui interroge l'équipe dans le comportement de Léo est son manque d'actions individuelles. Les professionnels des crèches ont souvent une certaine réticence à évoquer ce qu'un enfant peut mettre en place en termes de relation et d'action collective avec d'autres enfants, car l'objectif est toujours d'individualiser, de raisonner de manière individuelle, de peur de créer de mauvaises conditions d'accueil. On parle de groupe et de place de chacun dans ce groupe, alors qu'à cet âge le groupe comme l'individuation sont encore des notions bien trop éloignées des préoccupations de l'enfant. Lui perçoit, ressent l'autre et, en grandissant, prend de plus en plus conscience de lui-même, non plus de façon écologique en faisant la différence entre ce qui vient de lui et l'extérieur, mais maintenant en évaluant sa personne et en sachant qu'elle est évaluée, appréciée par un autre enfant. Il développe donc une conscience de soi liée à celle d'autrui. C'est aussi ce qui marque le début de la collaboration pour apprendre.

Or, nous faisons comme si l'inclusion dans un monde collectif représentait un danger pour le jeune enfant alors que c'est justement sa participation au rythme du groupe qui en est un, tant qu'il est encore un petit enfant. Léo pose un problème à l'équipe : pour elle, le fait qu'il ne joue pas seul, correspond au fait qu'il n'existe pas sans Léa ! Finalement, lors d'une réunion d'équipe, les professionnels soumettent l'idée que Léo est sous l'emprise de la petite Léa et que ce n'est peut-être pas bon pour lui. Ne serait-il pas devenu trop dépendant d'elle ? Certes, ils sont très attachés l'un à l'autre, mais la relation ne semble pas très équilibrée. Léo apparaît assez dominé et les professionnels souhaitent le protéger au mieux pour qu'il soit en mesure de construire sa personnalité. L'équipe décide de les séparer. Chacun ira dans une unité différente et les rencontres seront limitées. Ainsi, Léo pourra grandir plus librement !

Nous savons que l'enfant est une personne active qui ne progresse dans ses connaissances qu'en interagissant avec son milieu, en transformant activement ses relations avec le monde des objets et celui des personnes, et non pas seulement un être qui agit en réaction aux stimulations de son environnement. N'est-il pas dommage de perdre le continent entier des relations interpersonnelles des jeunes enfants entre eux, tout simplement parce que ce n'est pas la pratique professionnelle actuelle dans les établissements d'accueil de les observer et de les mettre en valeur ? Car que se passe-t-il dans la construction de l'affectivité de Léo à la crèche ? Un lien d'attachement réel, avec l'un de ses pairs ! Oui cela existe aussi. Mais si l'attachement demeure la base sur laquelle l'enfant construit sa sociabilité, ce socle devient inefficient si l'aventure n'est pas au rendez-vous, si la relation est un enfermement trop sclérosant. Reste donc à savoir si Léa et Léo vivent une aventure à deux, ou si, au contraire, le fait d'être toujours ensemble prive l'un des deux ou les deux de leurs envies exploratoires. Cet attachement de Léo envers Léa, différent de ses liens parentaux, aurait tout aussi bien pu se tisser envers un adulte professionnel de la crèche, comme c'est fréquemment le cas, tant les relations avec les tout-petits sont avant tout des relations affectives. Il n'est pas rare en effet que des liens privilégiés s'instaurent entre un adulte et un enfant. Les professionnels en auraient-ils été tout autant choqués ? Oui et non car cette relation, celle du « chouchou » est souvent niée ou tue. Tout comme d'ailleurs celle du rejet qui souvent conduit à encore plus de culpabilité de la part des accueillants, sorte de transgression d'un interdit professionnel fort. Ne pas s'attacher de manière plus privilégiée et traiter de façon identique tous les enfants : *leitmotiv* des professionnels de crèches déshumanisées ? *Leitmotiv* affiché, certes, mais pas réalisé, bien entendu ; c'est impossible, bien heureusement. C'est oublier à quel point le travail en crèche demande de l'implication affective et c'est aussi passer sous silence le fait que l'enfant est également l'acteur principal de ce choix électif.

Car Léa et Léo, « tombés en amour », ont bien fait un choix électif. Et cette rencontre a sans doute du sens pour l'un et pour l'autre. Ce sont deux histoires qui, à un moment donné, s'imbriquent l'une dans l'autre, c'est une chance sur le chemin de leur vie. Ces relations privilégiées, bien plus que d'être rompues ou niées, mériteraient sans doute d'être parlées, d'être observées, d'être un peu plus ou un peu mieux comprises. Cette relation d'attachement entre Léo et Léa a-t-elle des effets positifs ou négatifs sur l'un et l'autre enfant ? Dans quelle mesure ces deux-là se sont-ils trouvés, se sont-ils liés ? En quoi cela résonne-t-il si difficilement chez les accueillants, au point qu'ils souhaitent les séparer ? En quoi cette relation ne pourrait-elle pas être vécue de façon positive par tous ? Le travail professionnel se situe à cet endroit : tenter de comprendre ce qui se passe plutôt que d'agir à la place de l'autre. Parler de leur histoire à Léa comme à Léo pour amener doucement une sorte de triangulation de cette relation duelle quelque peu étouffante. N'allons pas trop vite à vouloir séparer, casser, protéger. Si le but de départ, favoriser l'épanouissement de l'enfant, reste toujours valable, il faut un accompagnement professionnel pour y parvenir plus en douceur, en prenant en considération les affects de chacun comme autant de lumières éclairantes et en proposant des médiations d'adultes appropriées. L'attachement comprend à la fois le bonheur d'être ensemble, de se sécuriser l'un à l'autre, mais aussi celui de pouvoir s'aventurer sans l'autre. Lorsque la sécurité manque, la vie est angoissante. Mais si elle est trop présente, elle enferme l'enfant. C'est aux professionnels d'être vigilants.

Léo enlève les couches

C'est le jour de la galette des Rois à la crèche. Les parents sont invités à passer un moment en compagnie des enfants et des professionnels. C'est en fait un « café parental », sorte de réunion informelle ritualisée autour d'une boisson ou d'un gâteau offerts par le personnel de la crèche ou apportés par certains parents. Les enfants continuent de jouer ou partagent la collation. Il n'y a ni heure d'arrivée ni durée prédéfinie. Les parents participent s'ils le désirent. L'éducateur de jeunes enfants organise le déroulement de ce café et reçoit les parents. C'est en fait une occasion pour ces derniers de nouer des relations entre eux, de papoter de tout et de rien, car il n'y a pas de thème donné. Chacun se sert un morceau de galette, se cale dans un fauteuil ou un pouf, un verre de café, de thé ou de jus de fruit à la main.

Et ce jour-là, la maman de Léo annonce : « Le 5 février j'ai décidé d'enlever les couches de Léo. Il vient d'avoir deux ans et je pense qu'il est grand temps de le faire ! Je sais qu'à la crèche on dit qu'il faut attendre qu'il soit prêt, qu'il le demande, que cela vienne de lui, qu'il parle, monte et descende les escaliers, etc. J'ai bien entendu, mais je n'y crois pas. Je pense que si je ne lui enlève pas la couche il restera toujours avec. Il faut que je me décide. Je suis prête à fournir tous les slips et les pantalons nécessaires et à faire preuve de patience ! » L'éducatrice, un peu choquée par les propos de cette maman, ne répond pas car elle est occupée à servir un café à un autre parent et ne veut sans doute pas risquer de se fâcher avec la maman de Léo. Pourtant, elle pense que cette maman exagère. Plus tard lorsqu'elle rapporte ces paroles à sa collègue, celle-ci lui répond : « Elle ne peut pas faire ça, tout de même, il n'est pas prêt du tout ! »

La maîtrise des sphincters est une étape importante chez le jeune enfant. C'est finalement la prise de contrôle de son propre corps qu'il expérimente à ce moment-là. Il peut retenir ou pas ses selles et ses urines et ne le faire que s'il le veut, lui. Personne d'autre ne peut décider de le faire à sa place. Même si ses parents décrètent que c'est le moment de ne plus porter de couches, ils ne peuvent pas le forcer à être propre. Lui seul choisit si oui ou non il a envie de leur faire plaisir, de respecter leur demande, de suivre les règles sociales qui incitent chacun à faire ses besoins dans des lieux appropriés : les toilettes. Si l'enfant est en forte opposition avec les adultes, il risque bien de refuser cette nouvelle contrainte, s'il sent que la pression parentale est importante, il risque bien de s'en servir dans un système de chantage affectif où l'enfant prend alors le pouvoir. À l'inverse, si la valorisation est présente mais s'inscrit dans une continuité relationnelle sans la présence de trop forts enjeux, alors il sera heureux de répondre à l'attente parentale. Cette éducatrice pense avec raison que le temps du dressage n'est plus. Et qu'elle devrait proposer à cette maman de relire F. Dolto lorsqu'elle écrivit : « *C'est vraiment dommage de perdre tant de temps avec le pot de chambre, alors que d'autres choses sont à faire, pour développer l'adresse des mains, de la bouche, de la parole, du corps entier. Lorsque l'enfant est adroit, habile de ses mains, acrobate, c'est-à-dire jouit en liberté et relaxation d'une bonne coordination de ses mouvements, et d'un tonus maîtrisé, lorsqu'il parle déjà bien, il a plaisir à devenir propre tout seul, à faire comme font les adultes, c'est-à-dire aller aux cabinets*[32]. »

Voilà ce qui est ici bien entendu la théorie. Car s'il y a un apprentissage de la « propreté » comme il y a apprentissage de la marche ou du langage, celui-ci ne peut se faire que sous la même forme que tous les autres apprentissages fondamentaux des jeunes enfants, à savoir qu'il ne peut se faire seul. La place de l'adulte est primordiale alors même qu'elle n'est pas la place principale. Les

32. Françoise Dolto, *Lorsque l'enfant paraît*, Paris, Seuil, 1977, p. 44.

enfants qui se sentent aimés, valorisés, à qui on a donné confiance en eux, sont prêts à franchir ce nouveau défi avec facilité. Ils utilisent alors le plaisir de l'imitation et apprennent non pas à devenir grands, comme on l'entend souvent, mais à franchir une étape nouvelle qui correspond à leur développement. Comme pour le déplacement, la marche, le jeu, le langage ou le repas, l'enfant est mû par une volonté exploratoire qui le pousse à aller toujours plus loin, à chercher ce plaisir de faire et d'apprendre. Et les adultes ont en cela peu de possibilités d'action et beaucoup de place. En effet, peu d'efforts de la part des adultes sont utiles pour favoriser cet apprentissage, car c'est l'enfant lui-même qui en est l'acteur. Mais le metteur en scène reste l'éducateur, celui qui offre la possibilité à l'enfant d'aller de l'avant, de savoir faire cela aussi. En cela la place et l'engagement des adultes sont primordiaux pour accompagner l'enfant dans le franchissement de toutes ces étapes, de tous ces obstacles, ces passages, comme autant de rituels d'apprentissages et de socialisation.

Alors que faisons-nous à la crèche ? Nous organisons ce « café parental » qui offre la possibilité à cette maman de dire l'épreuve personnelle qu'elle compte organiser, supporter, et dont elle espère sortir indemne. Qu'attend-elle ? Du soutien ? Qu'on abonde en son sens ou au contraire qu'on la pousse à renoncer ? Peut-être souhaite-t-elle qu'on lui propose une autre stratégie, un petit truc qui marcherait à tous les coups ? Elle a raison, cette maman, de venir exposer son problème au milieu de la galette des Rois car c'est un lieu magique. La maman de Léa lui annonce aussitôt qu'elle a de l'expérience. Léa est la quatrième. Pour Paul, elle a enlevé sa couche un dimanche et après trois pipis dans la culotte le matin, l'après-midi même il était « propre » le jour et la nuit. Il n'a plus jamais eu d'accidents. Pour Clément elle a fait pareil et cela a duré six mois. Autant de temps de galère qu'elle n'a pas voulu revivre avec Chloé, alors elle a attendu que ce soit elle qui demande : et comme elle voulait faire comme ses frères, cela a été très vite ! Ainsi, pour Léa elle ne se pose pas trop de questions, car en fait au final, c'est toujours l'enfant qui agit.

Grâce à la magie du café parental, c'est une autre maman qui vient en aide à la mère de Léo et permet aux professionnels, de rester en dehors de toute polémique, de ne pas se positionner comme ceux « qui savent », qui prescrivent et sont finalement déçus de ne pas être suivis. Pour Léo, sa maman fera comme elle le souhaite, mais qu'elle sache que l'équipe sera là pour l'aider, pour l'accompagner. Aider cette maman c'est accepter de la suivre dans son idée : enlever les couches de Léo. Cela signifie que l'équipe pense qu'elle a toute sa place de parent auprès de son enfant et à la crèche. C'est elle qui est en droit de faire un choix éducatif envers son enfant et si sa décision, même si elle ne correspond pas aux savoirs ou aux impressions des professionnels et surtout si elle ne s'inscrit pas dans leurs valeurs professionnelles, est prise en considération, et est acceptée, alors cette maman se sent reconnue. Elle conserve cette place première et essentielle auprès de son enfant accueilli à la crèche. Ainsi, quels que soient ses choix éducatifs, quelle que soit sa culture, ils sont entendus par les personnes à qui elle confie son enfant.

Peut-être aussi était-ce cela qu'elle voulait ou recherchait en faisant cette annonce : s'assurer que même en affirmant un positionnement éducatif contraire aux idées de l'équipe, elle serait suivie. Ne serait-ce pas cela l'essence même d'un véritable partenariat éducatif entre les parents et les professionnels de la crèche ? Il faut avoir confiance dans cette maman par rapport à ce qu'elle souhaite pour son enfant. Le lui dire est important, le lui monter encore plus.

Dans ce cas, le 5 février est sans doute un bon jour pour enlever les couches de Léo, non ?

Léo est le dernier

Ce soir, Léo est le dernier enfant présent à la crèche. Il est déjà 19 h 45 et aucun de ses parents n'est encore venu le chercher. C'est souvent le cas ces derniers temps et cela rend les professionnels qui assurent la fermeture de la crèche assez nerveux. Du fait du retard des parents de Léo, ils seront de fait eux-mêmes en retard dans l'organisation de leur vie privée. Léo joue tranquillement dans la salle pendant que les deux accueillants s'affairent à ranger le matériel et à lever les tapis pour permettre à l'agent de la société de ménage d'œuvrer à son nettoyage. Une fois ce rangement effectué, ils emmènent Léo dans le hall d'accueil de la crèche sur lequel donne le bureau de la directrice. Léo a déjà son manteau sur le dos et il tient son doudou à la main. Il s'agit de bien signifier aux parents que l'horaire de crèche est dépassé !

Léo attend, les professionnels également. Mais alors que le premier aurait bien aimé profiter de ce temps où, entouré par deux adultes, il aurait pu avoir une relation privilégiée avec eux, ces derniers, au contraire, ne sont pas attentifs à lui, ils sont contrariés de vivre cette situation. Ils se sentent pris en otage par ces parents et même si leurs paroles et gestes envers Léo restent corrects, par habitude, ou par professionnalisme, ils ne sont absolument pas réceptifs à sa réelle présence. Léo devient l'objet encombrant du soir dont il est grand temps de se débarrasser. Aucune culpabilité apparente de la part des accueillants, car la responsabilité de la situation est, pour eux, exclusivement parentale. C'est le parent qui est en défaut, qui ne vient pas à l'heure chercher son enfant à la crèche.

Oui, mais Léo est tout à fait présent, même si à cet instant il ne bouge ni ne s'exprime : il se fait discret, oublié par ces adultes plongés dans cette attente d'un de ses parents, et dans un mécontentement palpable. N'est-ce pas quelque peu violent pour lui de se sentir non seulement « abandonné », mais aussi l'enjeu de conflits entre adultes. Conflits qui le dépassent d'ailleurs. Comment peut-il vivre cette situation qui conduit les professionnels à l'objectiver, niant sa position de jeune enfant, sujet méritant attention à tout moment ? Alors que les professionnels sont les premiers à placer l'intérêt de l'enfant en porte-drapeau de leurs actions et de leurs pratiques éducatives, voire, sous couvert de leurs connaissances, à imposer leurs propres valeurs, culture ou choix éducatifs, ils oublient à ce moment crucial de la vie de l'enfant de se mettre à sa hauteur, de faire preuve d'empathie envers lui. Certains parleraient ici de « douces violences ». Ces violences qu'on ne voit plus tant elles font partie du quotidien dans l'accueil des jeunes enfants à la crèche. Mais il n'y a pas de douces violences. S'il y a de la violence, il n'y a pas de douceur. Cet oxymore ne fonctionne pas car l'antagonisme semble justifier la situation alors qu'elle devrait être dénoncée comme étant néfaste pour l'enfant. Lorsque les professionnels ne sont plus avec l'enfant, ne le considèrent que comme une charge et jugent ses parents comme défaillants, alors il y une faute professionnelle. Il est, au contraire, nécessaire de dire à cet enfant que nous sommes contrariés du fait que l'un de ses parents ne soit pas encore là, mais que cela n'est en aucun cas de sa faute, que nous l'aimons et allons trouver comment profiter de cet instant passé ensemble.

Que dire lorsque sa maman ou son papa arrivera en soufflant, les bras chargés des courses qu'il a faites au passage et s'excusant à peine de ce retard ? Rien, sans doute, car cela serait trop lourd de lâcher tout ce qu'ils ont sur le cœur ! La journée de travail épuisante avec un nombre d'enfants calculé au maximum afin de répondre aux critères de taux de fréquentation de la structure d'accueil imposés par les gestionnaires, la réponse à des impératifs contradictoires : gérer le nombre d'enfants et créer des relations individualisées, tout cela à un rythme soutenu qui ne leur laisse pas le temps de souffler ni de se rendre suffisamment disponibles pour chaque enfant, pour chaque parent. Et alors que la journée de travail aurait pu s'arrêter là, ce dernier parent va faire ses courses et prend son temps pour venir chercher son enfant ! C'en est trop ! Impossible de dire, sinon de se fâcher pour de bon. Le regard est sec, les gestes limités et les paroles automatiques : « Léo a bien mangé ce midi et a bu son biberon au goûter, il a dormi deux heures et il a bien joué, son doudou est dans la poche de son manteau, bonne soirée et à demain, Léo ! » Ouf, on rentre ! D'autres professionnels instrumentalisent l'enfant en demandant au parent de prendre conscience qu'être toujours le dernier n'est pas drôle pour lui, que les petits n'ont pas la notion du temps mais se repèrent au départ des autres enfants et que pour un enfant, voir tous les autres partir alors qu'il reste, c'est bien difficile à vivre. Il attend, s'ennuie, s'impatiente ou s'angoisse. Il est fatigué après une si longue journée. Mais de qui parlent-ils réellement ? Est-ce vraiment de l'enfant ? Lui, qui aurait peut-être aimé profiter du calme de la crèche pour s'installer dans la chauffeuse avec son auxiliaire de puériculture afin qu'elle lui lise des livres ou qu'il puisse construire un « Monsieur Patate » sans qu'aucun autre enfant ne vienne le détruire ? Ou d'eux-mêmes, ces adultes à bout de force et stressés ? Attention à ne pas prêter à l'enfant ses propres ressentis, ce qui s'avère être contraire à toute démarche professionnelle.

Car une démarche professionnelle nécessite certes de donner les moyens aux accueillants de travailler dans des conditions moins stressantes, mais aussi de les former à devenir de « vrais » accueillants, de réels professionnels de l'accueil de jeunes enfants, de les porter vers l'élaboration et l'intériorisation d'une éthique professionnelle. Choisir de travailler dans une crèche, c'est s'engager à voir et à ressentir l'enfant à tout moment, à le considérer comme sujet tant qu'il est présent et donc à rester professionnel jusqu'à son départ. C'est renoncer à occuper la place de celui qui sait ce qui est bon pour l'enfant en lieu et place du parent, c'est aussi se dessaisir de l'idée du parent idéal qui accourrait dès sa sortie du travail pour venir chercher son enfant. Pour cela il faut bien comprendre que si la crèche est le lieu de travail des professionnels, pour l'enfant et certains parents elle est son lieu de vie. Pas un lieu difficile dans lequel il faudrait passer un minimum de temps et quitter le plus tôt possible, au contraire, un lieu adapté à son développement, à ses besoins et ses attentes. C'est d'ailleurs de la responsabilité des professionnels de créer cet environnement pour les jeunes enfants. Et il est toujours étonnant de constater à quel point les professionnels peuvent avoir une représentation négative de la crèche comme étant un lieu difficile pour les enfants alors que les parents la voient comme un lieu d'épanouissement pour leur enfant ! N'est-il pas temps de se mettre en accord ?

Cela demande aux équipes de réfléchir à la place et au vécu de chaque partenaire, parent, enfant, professionnel, dans des situations comme celle-ci qui cristallise ces oppositions de vécu et de représentation. Les temporalités individuelles semblent antagonistes : l'enfant souhaite une relation privilégiée et profiter de ce moment où il pourrait être le petit prince de la crèche, le parent s'avance dans son organisation en pensant que son enfant est en sécurité et profite de la crèche, et le professionnel ne veut surtout pas prolonger une journée de crèche déjà épuisante. Ce dernier se sent pris en otage par le parent et donc n'entend pas l'enfant. Revenir sur cette situation, l'analyser, la décortiquer pour la comprendre et la dépasser ensemble : parents et accueillants, voilà ce qui est professionnel. Ne pas verser dans la colère et le non-dit, mais inviter au débat, à l'analyse. Prendre le temps ensemble de parler de ces contretemps et de ces temps personnels si différents et qu'il nous faut pourtant chacun concilier dans un temps commun, celui de l'accueil et de l'éducation du jeune enfant. Certes, le règlement peut être brandi, il doit être respecté, mais s'agit-il ici simplement d'une transgression de la part du parent qui arrive régulièrement en retard ? Sans doute pas. Et de toute façon, le travail d'accompagnement des accueillants de crèche n'est pas un travail de police. Il consiste à voir et entendre l'enfant, à respecter son histoire et celle de ses parents, à partager avec ces derniers l'éducation de leur enfant pour donner un sens à cette relation. Alors soyons prévenants, installons-nous, prenons un café, regardons les enfants jouer et discutons de tous ces tracas de la vie quotidienne qui nous assaillent et qui nous font oublier l'essentiel : notre participation importante à la construction de l'avenir de ce petit humain. Le rythme de travail des parents est parfois peu compatible avec l'organisation de son accueil à la crèche, certains évènements de la vie familiale peuvent perturber cette organisation, etc. Reconnaître de part et d'autre l'existence d'une problématique peut amener les parents comme les professionnels de la crèche à faire autrement, à trouver d'autres solutions qui soient plus en accord avec les contraintes de chacun. Le simple fait que les professionnels soient capables d'écouter le problème des parents peut amener ces derniers à trouver les moyens de s'organiser autrement pour être à l'heure à la crèche.

Pour Léo, tout s'est bien passé

Chaque soir, lorsque Léo retrouve ses parents, c'est un grand moment de bonheur pour tous. Y compris pour le professionnel présent qui prend le temps de « faire les transmissions » au parent. Il regarde sur sa grande feuille blanche la ligne occupée par le nom de Léo. Il vérifie ce qu'il doit dire à son sujet et déclare : « Aujourd'hui tout s'est bien passé pour Léo ! Il a bien mangé, bien dormi, bien joué… » Si le parent souhaite quelques renseignements supplémentaires, pas de panique, tout est écrit : le nombre et l'heure des changes, ce que l'enfant a réellement mangé, son temps de sommeil, ses activités de la journée. Voilà, bonne soirée et à demain !

Les transmissions ! Quel drôle de mot, emprunté à l'armée et à l'hôpital, et dont on peine à saisir qu'il n'ait pas encore disparu du langage professionnel de l'accueil de la petite enfance. En effet, à l'hôpital, les transmissions sont des outils organisationnels qui permettent de garantir la continuité et la qualité des soins infirmiers. Les professionnels des crèches, dont la majorité a encore une formation sanitaire du fait qu'historiquement la crèche fut gérée comme un service hospitalier, se sont approprié la notion de transmission qu'ils ont apprise pendant leurs études, et l'ont reprise à l'identique. Sa pratique, les modalités nécessaires à son organisation ont été (re)définies comme un mode d'échange avec les parents. L'idée étant que professionnels d'un côté et parents de l'autre assuraient à l'enfant une responsabilité et une continuité des soins. En effet, les transmissions désignent non seulement les informations transmises entre les membres du personnel, mais surtout celles qui sont demandées aux parents à l'arrivée et celle qui leur sont données au départ. On entend souvent des phrases du type : « il faut faire les transmissions », « la transmission a été faite », « je vous fais les transmissions », « attendez, je ne vous ai pas encore fait les transmissions… ». Ces phrases sont des expressions qui font partie du langage courant des professionnels des crèches et les parents sont tellement complaisants qu'ils patientent parfois en faisant la queue les uns derrière les autres pour recevoir « leurs » transmissions. Il faut surtout ne pas oublier de dire si l'enfant a de la fièvre, mais ne pas affoler le parent plus que nécessaire. Il faut y mettre le ton, utiliser les bonnes paroles et se rappeler le protocole de transmission : les repas, les siestes, les changes et les jeux. Heureusement, tout est écrit sous le nom de chaque enfant. Le problème repose sur le fait que ces transmissions représentent l'unique rapport relationnel entre les professionnels et les parents. La méthode peut enfermer le professionnel dans un protocole prévu et convenu, à la fois bien confortable puisqu'il sait quoi dire aux parents, mais aussi bien dangereux quand il ne sait pas comment en sortir.

Or, dans l'accueil au quotidien d'enfants en bonne santé, le fait de cibler l'alimentation, le sommeil, l'élimination et le jeu (en le réduisant aussi à la nomination de l'activité faite par l'enfant : « aujourd'hui il a fait peinture ») de chaque enfant comme éléments premiers, sinon exclusifs, à transmettre aux parents pose un double problème. L'image des multiples rôles et fonctions de l'accueil est d'autant réduite, aplatie à sa seule facette sanitaire et physiologique au détriment de tout un univers relationnel riche et interactif constitutif d'une collectivité attractive qu'est la crèche. Certes, les professionnels tentent souvent d'ajouter aux transmissions physiologiques des cibles psychologiques ou pédagogiques, telles que les activités de jeux et les comportements relationnels. Mais ils se trouvent vite en difficulté dans la mesure où ces contenus, pour partie peu visibles, rendent le devoir de transmission infiniment plus complexe, voire irréalisable. En effet, s'il est possible de mentionner clairement ce que l'enfant a mangé quantitativement, qualitativement et aussi avec quel plaisir et quel appétit il l'a fait, il est plus difficile de restituer, qui plus est de façon exhaustive, toutes les relations qu'il a eues avec les autres enfants, avec les adultes et ce qu'il a réellement fait comme expérimentation dans les environnements ludiques proposés et avec les objets. Alors les accueillants s'obligent à transmettre aux parents des banalités très répétitives : Léo a joué à la dînette ce matin et est allé dans le jardin cet après-midi !

Rien de bien croustillant à se mettre sous la dent pour ces parents qui ne rêvent que de prendre connaissance des différentes aventures de Léo à la crèche, en leur absence. Comment se comporte-t-il avec les autres ? Est-il sociable ou reste-t-il dans son coin ? A-t-il des copains ? Que fait-il lorsqu'il est dans le jardin ? Sait-il monter et descendre le toboggan ? Arrive-t-il enfin à pédaler sur le tricycle ? Ils souhaitent savoir comment les professionnels ont vu et ressenti Léo aujourd'hui, quel regard ils portent sur lui après avoir passé la journée avec lui, ce qui n'est pas leur cas. Mais d'autres parents que ceux de Léo veulent sans doute d'autres types d'informations sur leur enfant : la qualité de son sommeil à la crèche, ses avancées motrices ou encore ses difficultés à manger. Il est difficile avec un protocole préétabli de se mettre à la disposition de chaque parent et d'entrer dans une communication qui fasse la part belle à ce que les parents attendent de savoir et non à ce que les professionnels ont décidé de dire. Il est difficile également avec un protocole de transmission de s'impliquer pleinement en tant que professionnel dans une relation d'égalité avec les parents.

Cela montre que ce ne sont pas seulement les outils de transmission qui ne sont pas valables, mais bien le concept lui-même. Cet héritage militaire, puis hospitalier ne correspond plus à la réalité de la crèche devenue lieu d'accueil et d'éducation pour les jeunes enfants. Certes le soin est encore présent dans les structures d'accueil de la petite enfance, mais uniquement dans sa dimension préventive et encore plus dans une idée plus récente et plus appropriée de prévenance, de prendre soin de l'enfant plus que de lui donner des soins. Les professionnels des crèches assurent d'autres missions qui occupent l'essentiel de leur activité : accueillir l'enfant et ses parents, communiquer et établir des liens affectifs, observer l'enfant dans ses activités, lui proposer des espaces de jeux qui vont l'aider dans ses apprentissages à la fois cognitifs, affectifs et relationnels.

Il devient donc indispensable d'inventer des outils et des organisations qui correspondent enfin à ces « nouvelles » missions. On ne peut pas répondre par des pratiques sanitaires à des pratiques d'accueil éducatif ! Les outils de transmission de type fiche, cahier ou classeur que possèdent les professionnels sont autant d'obstacles aux échanges, à la vraie communication, à la relation nécessaire avec les parents pour créer avec eux des partenariats. En les brandissant dès l'arrivée du parent, le professionnel se « cache » derrière tous ces papiers comme s'il était de l'autre côté d'un guichet invisible et protecteur, tel qu'il a existé au début de cette institution. Barrières symboliques, ces outils remplacent ou s'ajoutent aux barrières physiques que l'on trouve souvent dans les crèches. Faire la lecture des transmissions au parent de Léo donne une contenance à l'accueillant qui n'a pas appris à faire autrement, qui est peu formé sur les modes de relation, qui n'a pas porté un regard sur l'enfant, bref, qui ne sait pas. Cette lecture est pour lui rassurante car elle lui permet de dire quelque chose de prévu au sujet de l'enfant tout en diminuant le risque d'avoir à entamer une discussion improvisée dans laquelle il peut ne pas être très à l'aise. Mais c'est dommage, car la pratique des transmissions et leur contenu stéréotypé véhiculent, comme nous venons de le dire, une image appauvrie de l'accueil des jeunes enfants en crèche, le réduisant pour l'essentiel à des pratiques de soin, alors qu'au contraire créer des relations de confiance avec les parents nécessite la mise en place d'une communication libre, conviviale, voire amicale. Une communication qui inscrit les parents au côté de l'enfant, dans une aventure commune, pour partie relatée par les professionnels de la crèche et pour partie aussi dite par les parents. S'investir, en tant que professionnel, pour raconter au parent une situation de la journée de l'enfant qui nous a particulièrement étonnés, émus, contentés ou même agacés lui montre combien nous sommes aussi impliqués humainement dans l'éducation de son enfant. Le métier d'accueillant en crèche ne se réduit pas à changer des couches, donner à manger, coucher et lever des jeunes enfants et leur proposer des activités de jeu, il va bien au-delà dans l'idée du partage de moments de vie intenses de chaque jeune enfant pour lui offrir de quoi bien démarrer dans la vie. Les professionnels accueillants sont des professionnels du lien lesquels, suffisamment démêlés par le langage, donnent un sens à la place de chacun dans cette relation et ouvrent la vraie porte de la crèche aux parents. Une communication plus réfléchie, plus ouverte, plus participative, basée sur l'affection et dont la relation reste à inventer.

Léo ne parle pas

« Léo, dis au revoir ! » insiste sa maman. Chaque soir elle exige que son fils dise au revoir à chaque professionnel de la crèche. Cela semble être un principe éducatif fort qui lui importe beaucoup. Léo parle à peine, généralement il tente un grognement et avec le sourire adresse un petit signe avec la main, imitant ainsi le geste maternel. Mais ces derniers temps, cela ne se passe pas bien entre Léo et sa maman. Léo n'est pas d'accord pour faire ce salut, encore moins pour dire au revoir. Il dit non, il s'oppose. La situation conflictuelle dure un peu et le malaise se propage aux professionnels. Que faire ? Certains disent que ce n'est pas grave, qu'il dira au revoir une autre fois. D'autres disent : « c'est moi qui te dis au revoir Léo, à demain. » Mais il est palpable que la maman de Léo reste sur sa faim.

Ces situations sont fréquentes et pas très gérables par les équipes des crèches. Il y a ici confusion sur les modes d'apprentissage du langage du jeune enfant. Là où il devrait y avoir apprentissage, essai, compréhension, erreur et réussite, il y a conditionnement. La volonté de la maman de Léo est de conditionner son enfant aux bonnes manières. Elle estime que cela relève de son devoir de mère. Mais elle ne sait pas que c'est en l'imitant que Léo va les apprendre et non en le conditionnant et en lui faisant répéter les paroles comme un perroquet. Le langage, comme les autres apprentissages de base que sont les sociabilités culturelles, s'apprend certes dans la petite enfance. Mais de manière très spécifique. Au début le bébé possède la capacité de percevoir tous les sons de toutes les langues. Puis, petit à petit il se concentre sur les sons et les phonèmes de sa langue dite maternelle, celle de son milieu social. Il perd des capacités pour mieux se consacrer aux différences plus limitées de sa famille linguistique. Le bébé citoyen du monde devient un enfant expert d'une langue, il renonce à l'universel pour entrer dans le spécifique[33]. Il devient sensible à la prosodie de sa langue et commence à en catégoriser les mots et à en retenir les invariants pour les comprendre. Le bébé comprend bien plus vite qu'il ne parle. Mais il essaie et ce sont ses essais qui, comme pour le jeu qui le conduit à comprendre des concepts cognitifs (mettre une boîte dans une autre pour comprendre le concept de plus grand, plus petit), lui permettent de comprendre quelle est la bonne association. Il émet donc lui-même des sons pour essayer des associations de syllabes et de voyelles et constater par ses expériences ce qui peut marcher ensemble. Petit à petit il développe une véritable stratégie d'association et de combinaison de sons et de mots, puis de phrases. L'apprentissage du langage est pour chaque bébé un apprentissage qu'il ne fait pas seul, mais qu'il conduit lui-même. Plus son environnement est riche de mots, plus on lui parle à bon escient, plus on engage une conversation avec lui, même s'il ne parle pas encore, plus il a la possibilité d'apprendre ces mots qui lui sont adressés, plus il peut les combiner et comprendre leur signification, tout comme il comprend aussi l'utilité du langage. Il comprend aussi qu'il ne peut pas utiliser un mot pour chaque objet car il n'en aura pas assez, alors il saisit la notion d'abstraction. Le mot « ours » que le jeune enfant ne réservait au départ qu'à son doudou peut, petit à petit, devenir « ours » pour un autre ours en peluche, puis « ours » pour les ours de son livre sur les animaux[34]. Il lui faut du temps pour combiner les stimulations sensorielles, les comportements et les émotions avec les mots.

Prendre le chemin de la demande de formulation ou de répétition des mots exigée de l'enfant est un mauvais chemin d'ap-

---

33. Philippe Duval, « L'acquisition du langage, rencontre avec Michèle Kail », *in EJE Journal* N° 48, août-septembre 2014.
34. Alain Bentolia, « Les sources du langage », cours à l'Institut Petite Enfance Boris Cyrulnik, Cholet et Béziers, septembre 2014.

prentissage qui conduit souvent au non de l'enfant. Ce dernier fait alors valoir sa différence qui est nécessaire aussi à ses apprentissages. Tout comme il est nécessaire de lui dire quand on ne comprend ce qu'il baragouine car lui et nous ne formons pas qu'un, mais sommes deux personnes distinctes qui devons nous comprendre grâce au langage, il convient aussi de lui laisser son libre arbitre d'intervention langagière. Les chantages, les supplications, les réprimandes, toute la série des feintes qui est souvent essayée, parfois sans succès pour faire dire les mots aux jeunes enfants n'est que mascarade. Les professionnels sont embêtés, la maman cherche le moyen de s'en sortir honorablement, l'enfant les tient. Pourquoi des adultes arrivent-ils à se retrouver dans des situations si difficiles ? Seuls, ils se jettent dans le vide abyssal d'un mode d'apprentissage formel et explicite peu adapté au jeune enfant. Ainsi, l'on entend ça et là l'existence des mots magiques. Ces mots : merci, s'il te plaît, bonjour, au revoir, cristallisent les adultes qui pensent que l'enfant ne peut apprendre sans conditionnement. Tant que le mot merci n'est pas dit, l'adulte ne lâche pas l'objet en question. Ils disent à l'enfant « merci » et attendent qu'il répète le mot. Faut-il alors remercier avant même l'obtention de l'objet puisque l'adulte ne le lâche pas ? Ou serait-ce celui qui donne qui dit merci puisqu'il vient de le dire ? Quels sont le sens et la valeur de ce remerciement, celui de prendre ou de donner ? C'est un chantage incompréhensible pour l'enfant, ce sont des paroles inadaptées, mais utilisées dans les pratiques éducatives courantes, y compris dans les crèches. L'enfant apprend en observant, en imitant, en essayant. S'il entend les adultes dire merci chaque fois qu'ils reçoivent quelque chose, alors il fera pareil, car il intègre les codes sociaux de manière implicite.

Les professionnels doivent être vigilants aux apprentissages du langage et au vocabulaire des jeunes enfants tout comme ils le sont pour leur motricité. Ils doivent créer l'environnement favorable à ces apprentissages et soutenir chaque enfant. Ainsi, il convient de lutter contre les tics professionnels qui se propagent sur des générations d'accueillants. Impossible de s'en défaire, tous parlent ainsi : « on va manger », « on s'habille », « on va changer la couche », « on », « on »... Ce « on » impersonnel qui gangrène toutes les professions de l'aide à la personne. Ici, soit il veut désigner le groupe d'enfants en entier, soit il souhaite inclure l'enfant et l'adulte dans un même passage à l'acte. Que de mensonges car l'adulte ne mange, ni ne s'habille, ni ne se change à ce moment-là. Et quelle intelligence ces paroles demandent-elles aux enfants pour qu'ils comprennent finalement que langage et acte sont entièrement dissociés ! Il est toujours étonnant et paradoxal de penser que la majorité des projets éducatifs de crèche s'appuient sur l'idée de la relation individuelle entre l'adulte et l'enfant et de constater qu'au contraire les agissements des enfants et des professionnels se formulent dans une indétermination qui brouille les places de chacun. Parler au groupe n'est pas parler à l'enfant et les jeunes enfants doivent, pour apprendre à bien parler, saisir qu'on leur parle à eux uniquement, dans une relation individuelle.

Cette opacité du langage de crèche va jusqu'au fait que certains professionnels se présentent à l'enfant avec leur propre prénom : « Valérie va te faire manger ! » Le « moi », le « toi », le « je », le « tu » disparaissent tous au profit d'un « elle », « il », « on » permanents. Mais Valérie n'est pas une enfant. Elle, elle sait dire « je » et « tu ». Elle pourrait aider Léo à se construire en tant que « je » lui aussi, elle peut lui dire « tu ». « Que veux-tu Léo ? » est plus riche que « Qu'est-ce qu'il veut, Léo ? » ou « Il veut manger, Léo ? ». Elle peut aussi lui dire ce qu'elle va faire en tant qu'adulte impliquée dans cette relation avec lui : « Je vais changer ta couche » a un sens, « Peux-tu m'aider à l'ôter ? » également. Les places et les rôles sont différents et chacun est impliqué dans l'action, mais à sa juste place. Ne serait-ce pas ici une forme de respect de soi-même et de l'autre ? Le « je » est le grand absent des crèches alors qu'il est, à ce stade de développement, en construction pour chaque enfant… Et les adultes disparaissent aussi quelquefois derrière l'équipe, derrière le groupe d'adultes ! N'avons-nous vraiment le choix, en tant que professionnel, qu'entre l'infantilisation de se nommer soi-même par son prénom ou la disparition au profit du groupe-équipe symbolisé par ce « on » ?

En effet, alors que l'individualisation est systématiquement mise en avant dans les crèches, la notion de groupe s'installe fortement, y compris dans le langage, paradoxe encore. Le « groupe » des bébés, celui des moyens et des grands, faire sa place dans le « groupe », encadrer un petit « groupe » d'enfants : dans le langage utilisé, le « groupe » est partout, y compris lorsque ce « groupe » se veut « petite famille » dans la crèche. Et comme les professionnels sont en difficulté avec cette notion de « groupe », ils en réduisent au maximum les effectifs pour les différentes activités de jeu qu'ils proposent aux enfants, mais ils continuent à dire : « On fait pâte à sel ! ».

Mais le jeune enfant n'a que faire du « groupe » ! Il se construit, il apprend et a besoin de l'adulte avec lui pour apprendre et c'est en priorité avec l'adulte qu'il apprend à parler. C'est ce que Alain Bentolila appelle « la sécurité linguistique » qui tout comme la « sécurité affective » nécessite à la fois la proximité pour s'assurer et la distance (intellectuelle dans le cadre du langage) pour apprendre. Si la collectivité est le lieu de la rencontre avec des pairs, elle ne peut pas être celui de l'anonymat de l'enfant dans un groupe ou de son indifférenciation. Le jeune enfant s'engage fortement dans la relation interpersonnelle mais il lui faut du temps pour faire partie d'un groupe. Ce n'est que lorsqu'il possède les moyens linguistiques nécessaires qu'il peut élargir le cercle des gens à qui il s'adresse et comprendre que l'adulte s'adresse aussi à plusieurs enfants.

Alors utilisons plutôt la magie des mots, celle des mots utiles à l'enfant bien plus que les mots magiques qui finalement s'avèrent dénués de vrai sens. Utilisons le « je » pour nous engager personnellement dans la relation avec l'enfant et pour lui permettre de se construire. Car le langage, les savoirs, les apprentissages des jeunes enfants s'acquièrent plus généralement d'une manière plus informelle, lors de situations diverses, régulières et attendues par lui. Pas lorsqu'il lui est demandé de répéter. L'enfant intègre toutes les formes de communication très tôt, son cerveau met du temps à les organiser et encore plus à le projeter dans une place d'acteur de langage oral. Ne lui compliquons pas la tâche. En voyant que les adultes se disent merci et au revoir, lui disent merci et au revoir, sans qu'ils s'y attendent, Léo dira au revoir, parce qu'il aura compris de façon positive que c'est un acte de plaisir partagé. Car « *le langage oral est un joyau qui ne peut briller en dehors de l'écrin constitué par le regard, les postures, attitudes et contacts corporels, les expressions faciales, les mouvements des mains, les gestes, les vocalisations et autres bruits oraux, plus généralement les "manifestations" qui précèdent, accompagnent et suivent les productions langagières, sans oublier les odeurs et les "saveurs" des partenaires et de l'environnement*[35] ».

Alors que faire, que dire à la maman de Léo dans ce rituel du soir auquel son enfant n'adhère pas ? S'engager sans doute. Lui dire à quel point on peut comprendre son désir d'apprendre les bonnes manières à Léo. Mais que Léo ne surfe pas aujourd'hui sur la même vague qu'elle. Que ce n'est que partie remise et que nous sommes heureux, nous, de leur dire au revoir à Léo et à elle. Rien de plus sans doute.

35. Hubert Montagner, « Jardins d'éveil : mais qu'est-ce qui pose problème ? », *in EJE Journal* N° 19, octobre-novembre 2009, p. 12-13.

Léo lit un livre

Léo aime qu'on lui lise des livres. Il va toujours en chercher un dans la bibliothèque et le tend à son auxiliaire de puériculture pour qu'elle le lui lise. D'ailleurs, c'est toujours le même en ce moment ; son livre préféré s'intitule : *Sur le chantier.* Il aime entendre le nom des différents engins. La grue qui soulève les objets lourds et les transporte sur le chantier, le camion-benne qui se remplit de gravats et de terre et la pelleteuse qui creuse la terre pour la mettre dans le camion. Les ouvriers qui conduisent les engins le fascinent également. Ils ont des habits jaunes avec des casques et des lunettes, de grosses chaussures aussi. Léo aime pointer du doigt sur les images au moment où son auxiliaire lit la phrase qui est écrite dessous. C'est un bon moment pour lui. Mais un moment silencieux. Il prend son doudou, se love contre l'adulte dans la chauffeuse de lecture et passe un bon moment. Lorsque c'est terminé, il s'en va faire autre chose.

Il est dommage que les professionnels des crèches ne saisissent pas ces moments si intéressants de lecture d'histoire pour réellement jouer leur rôle éducatif auprès des jeunes enfants. Lorsqu'ils sont à cette période de leur vie où ils explosent au niveau du langage, où ils engrangent un maximum de mots, de vocabulaire et de compréhension grammaticale, il convient aussi de les aider à formuler et à aller plus loin encore. On a trop tendance à croire que la lecture d'un livre est un moment de calme, voire d'endormissement. On lit le livre et c'est fini. L'enfant reste avec ça. Or la lecture d'un livre devrait être un temps d'éveil au langage. Le langage s'entend ici à la fois par l'apprentissage des mots qui servent d'une part à nommer les objets, voire les évènements, mais aussi à les comprendre, à fournir des explications qui ne sont pas toujours aussi évidentes et sont parfois invisibles. Le langage sert aussi à expliquer ce qui ne se voit pas, donc à aller au delà des apparences, vers les idées. Lorsqu'on réduit la communication à la seule dénomination, sans passer par l'explication, alors on réduit la capacité intellectuelle de l'enfant. C'est ce qui se passe avec la mode actuelle sur la communication gestuelle avec le bébé. Afin de réduire les frustrations d'un bébé qui n'arrive pas encore à se faire comprendre puisqu'il ne possède pas encore (assez) de mots, afin de réduire ses pleurs qui gênent les adultes ou les émeuvent parce qu'ils les interprètent comme les marques de son malheur, des professionnels fournissent à l'enfant une adaptation de la langue des signes afin qu'il utilise les signes pour se faire comprendre. Or, ces enfants qui ne sont pas sourds et donc doivent avoir accès au langage, se contentent des signes de désignation (à boire, encore, câlin, etc.) pour demander ce dont ils ont besoin. La désignation n'est qu'une partie du langage, mais pas la principale. On ampute donc l'accès de l'enfant à la partie principale du langage, celle de l'explication. Si ces enfants apprennent à parler tout de même, il semble dommage de ne pas les avoir laissés d'emblée s'engager sur la voie prévue pour l'humanité et à laquelle le cerveau humain est prédisposé : celle du langage. Certes on ne comprend pas toujours un bébé, ni dans le décryptage des ses pleurs, ni dans ceux des ses mots lorsqu'il commence à parler. Mais c'est grâce à cela qu'il comprend l'effort qu'il doit faire pour appendre à parler. Un adulte qui comprend trop bien un enfant, sans même qu'il ait besoin de parler ou de parler correctement, comme cela est le cas de certains parents, ou un adulte qui fait semblant de comprendre un enfant pour ne pas le chagriner, comme cela peut être le cas des professionnels, ne lui rend jamais service sur le plan de ses apprentissages langagiers. Le langage, comme les autres apprentissages, notamment moteurs et cognitifs, demande un effort pour le cerveau de l'enfant. Il lui faut faire la « trace » et créer les connexions cérébrales. Il lui faut se tromper et recommencer pour prendre le bon chemin. Il lui faut parfois régresser avant de franchir une nouvelle étape. Tout cela demande des efforts importants pour l'enfant et il doit être aidé par les adultes. Pourquoi aurait-il besoin de faire tant d'efforts s'il est compris avant même de parler, si des pleurs ou des gestes suffisent à le faire comprendre ? Le jeune enfant doit prendre acte de la distance intellectuelle qui existe entre lui et l'adulte, il faut qu'il comprenne que ce qu'il pense, ce qu'il veut, l'adulte ne peut le deviner. Il va donc devoir créer un pont communicationnel entre lui et l'adulte et cela s'appelle le langage. Grâce au langage, il aura accès à la liberté de penser, de dire, de comprendre et d'être compris.

Alors lorsqu'un professionnel lit un livre à un jeune enfant, il se doit de lui proposer d'en parler ensuite pour stimuler cet appétit du langage. Que se passe-t-il avec le camion-benne ? Comment la terre arrive-t-elle dans la benne ? Qui la transporte ? Bref, comment l'enfant a-t-il compris l'histoire qui a été lue ? Qu'est-ce qu'il en a à dire, comment se fait-il sa propre représentation de l'histoire ? Parfois on se rend compte de l'existence d'une erreur de compréhension de la part de l'enfant par rapport à l'histoire lue : la terre arrive toute seule dans le camion par exemple. Il faut donc reprendre le passage en question et remettre chaque chose à sa juste place, relire que c'est bien la pelleteuse qui amène la terre dans le camion. Ainsi, l'enfant comprend que ce qui est écrit représente les mots justes, ceux qui expliquent vraiment l'histoire lue et l'importance du respect du texte, avant d'apprendre à lire. Cela demande de prendre du temps de manière individuelle avec chaque enfant. Un livre lu à de nombreux enfants en même temps, en montrant les images du livre de loin et en finissant par un « voilà l'histoire est terminée, allez vous laver les dents avant la sieste » ne sert qu'à combler du temps vide et à réduire les enfants au calme. Cela peut avoir un intérêt organisationnel pour l'équipe, mais cela n'a rien à voir avec un travail d'éducation des jeunes enfants. C'est dans un rapport dual avec l'adulte, c'est en pouvant toucher le livre, en tournant eux-mêmes les pages, en revenant parfois en arrière, en parlant de ce qui est écrit ou de ce qu'ils voient avec l'adulte, parfois en mimant ou en reproduisant ce qu'ils comprennent, que les jeunes enfants s'investissent dans le goût des livres, qui sont les supports écrits du langage. Ils comprennent alors à quoi sert la langue.

Avec le livre, non seulement l'enfant apprend des mots de vocabulaire, mais il apprend aussi le sens de l'histoire et le respect de celle-ci. Ce vocabulaire est celui qui lui sera utile pour apprendre à lire plus tard. Plus il en aura, plus son apprentissage de la lecture en sera facilité. En effet, l'enfant stocke dans son cerveau une bibliothèque personnelle de mots qu'il a appris. Lorsqu'il apprend à lire des mots, si ces derniers sont présents dans sa bibliothèque, alors il fait le rapprochement entre les deux et comprend aisément les techniques de la lecture. Mais si les mots qu'il doit lire ne sont pas présents dans sa bibliothèque, lui sont inconnus, alors il tourne en rond et ne saisit pas ou pas correctement le sens de la technique d'apprentissage de la lecture. C'est donc très favorable aux jeunes enfants de posséder, avant d'apprendre à lire, une bibliothèque personnelle riche de nombreux mots de vocabulaire. Les imagiers sont très utiles pour cela. Ils doivent s'alterner avec des livres à histoires dans lesquelles on retrouve ces mêmes mots mis en action dans l'histoire et aussi avec les chansons, les contes, les marionnettes et autres supports de langage. Les professionnels des crèches doivent réellement prendre le temps de réfléchir à l'organisation d'un environnement riche en apports linguistiques pour les jeunes enfants, compte tenu de l'importance que cela revêt pour la suite de leurs apprentissages. C'est une grande responsabilité pédagogique des équipes de crèche. Responsabilité qui va au-delà du simple bain de langage proposé par Françoise Dolto.

Léo imite

Ce matin, c'est déguisement à la crèche. Les professionnels ont installé une grande caisse remplie de costumes divers. Il y a un costume de princesse, plusieurs autres de super héros, quelques costumes d'animaux et surtout il y a deux chapeaux. Ces derniers sont très convoités. Deux enfants les ont déjà pris et Léo est mécontent car il veut lui aussi un chapeau. Il tente plusieurs stratégies pour l'obtenir. Mais ni la ruse, ni le charme ne fonctionnent. Désespéré, il essaie la force et se saisit brutalement du chapeau enfoncé sur la tête d'un des enfants. Celui-ci se défend. Il pleure, réclame son dû auprès de l'adulte. L'auxiliaire de puériculture intervient et dispute Léo : « tu ne peux pas agir ainsi » lui dit-elle. « Je sais que tu veux un chapeau, mais il n'y en a que deux et ils sont déjà pris. Attends donc un peu, ici c'est chacun son tour ! » Léo est fâché, mais il est aussi plein de ressource. Il finit par trouver une bassine qu'il se flanque sur la tête et le voilà prêt à jouer avec les deux enfants qui sont également chapeautés. Il entre dans le cercle des porteurs de chapeau.

Et il est vrai que, pour jouer ensemble, les jeunes enfants ont besoin de posséder les mêmes objets, car leurs jeux sont faits d'imitation réciproque. L'imitation est une capacité humaine que le bébé possède dès sa naissance. À quelques heures de vie, il est en effet capable de se synchroniser avec la personne qu'il regarde. Si cette dernière lui tire la langue, il fait de même. Si elle vocalise, il reproduit la même vocalise avec le nombre exact de sons émis. Si elle tend le bras vers lui, il tend également le bras. Le bébé est capable de reproduire les gestes à partir du moment où ces derniers sont possibles à faire pour lui, c'est-à-dire lorsqu'ils sont présents dans sa bibliothèque motrice personnelle. Or dans le ventre de sa mère le bébé tire la langue, actionne ses membres, fait déjà des grimaces. Ainsi, lorsqu'il naît, il possède déjà un répertoire gestuel qui lui permet de reproduire de façon imitative les gestes et sons qu'il perçoit dans une sorte de couplage entre perception et action. Encore une fois les neurones miroirs, ces neurones qui s'activent lorsque l'on regarde une personne faire une action, sont à l'origine de cette capacité imitative du bébé. Et il n'est en mesure ni de les contrôler ni de les inhiber. Il met automatiquement en relation ce qu'il voit avec ce qu'il ressent dans son corps, le mouvement et la perception du mouvement. Une faculté qui lui permet d'apprendre vite et de reproduire des actions motrices de plus en plus élaborées. C'est ainsi qu'un bébé qui observe depuis longtemps ses parents manger avec des couverts finit par renoncer à l'utilisation de ses doigts pendant le repas pour accepter d'utiliser la cuillère. Il ne sert à rien de « lui apprendre » comment tenir une cuillère. La représentation motrice suffit à lui montrer comment le faire au moment où son développement moteur le lui permet. C'est ensuite le contentement de ses parents et leur comportement de valorisation envers leur enfant qui incitent le bébé à poursuivre dans ce sens. En matière d'éducation des bébés, c'est le modèle implicite qui fonctionne le mieux. Mais si le geste ne fait pas encore partie du répertoire du bébé, soit parce qu'il ne l'a pas encore expérimenté, soit parce que son développement ne lui en offre pas encore la possibilité, par manque de coordination par exemple, il ne peut pas l'imiter. Il doit donc faire de nombreux essais avant d'utiliser sa cuillère pour manger, comme le font ses parents.

Lorsque des bébés jouent ensemble à la crèche ils utilisent principalement l'imitation comme mode de communication. Même s'ils ne parlent pas encore, s'ils n'ont pas encore accès à la représentation intellectuelle que les mots et la construction des phrases permettent, ils savent tout de même communiquer entre eux. Ils le font grâce aux deux facettes de l'imitation : ils imitent et sont imités[36]. En effet, l'observation des jeux des jeunes enfants entre eux nous permet de constater que, à tour de rôle, ils choisissent de suivre un modèle et de l'imiter dans ses actions, avant de devenir eux-mêmes des modèles que les autres imitent. Avec sa bassine-chapeau sur la tête, Léo peut suivre les deux autres enfants possédant chacun un chapeau. Il l'enlève en même temps qu'eux, le remet au moment où ils le remettent sur leur tête, monte avec eux sur la plate-forme de la structure de motricité, s'assied avec eux, enlève à nouveau son chapeau comme eux. Puis, c'est lui qui décide de remettre la bassine-chapeau sur sa tête et les deux autres le suivent. Ainsi, on assiste à une alternance entre l'imitateur et l'imité. Cette même alternance est celle que nous retrouvons dans la communication orale. En effet, dans les conversations nous parlons et laissons la parole à l'autre. Celui-ci sait d'ailleurs naturellement à quel moment s'en saisir. L'imitation est donc un mode d'apprentissage important pour les jeunes enfants, sorte de prémices des modes communicationnels futurs. Mais pour que cette imitation soit possible, les enfants doivent pouvoir se servir des mêmes objets. Ainsi, en reflet de l'autre, ils peuvent alterner leur rôle entre imitateur et imité et entrer en communication. Souvent nous pensons au contraire que la crèche permet aux petits d'apprendre certaines règles sociales comme le fait de ne pas prendre l'objet détenu par l'autre, d'attendre qu'il soit libre, de le prêter ou d'attendre son tour. C'est faux car c'est justement ce qu'ils ne sont pas encore en capacité de comprendre et donc d'apprendre et ce qui en général conduit à des conflits, des pleurs et des frustrations. Ils doivent passer par une autre phase de leur développement avant d'envisager ces règles sociales, plus tard avec l'arrivée du langage et de la théorie de l'esprit, c'est-à-dire le fait de pouvoir admettre que l'autre pense et agit d'une certaine façon parce qu'il a des états mentaux inobservables. L'intérêt de la collectivité de jeunes enfants se trouve ailleurs, dans le fait d'ap-

36. Jacqueline Nadel, *Imiter pour grandir*, Paris, Dunod, 2011.

prendre à communiquer avec ses pairs justement en imitant et en étant imité par eux. Et pour cela il faut absolument, non pas qu'ils partagent un objet particulièrement convoité, mais qu'ils utilisent strictement les mêmes objets. Les professionnels doivent donc prévoir et proposer aux jeunes enfants un nombre d'objets identiques en rapport avec le nombre d'enfants accueillis, voire un peu plus car les petits aiment avoir un objet dans chaque main. Il ne faut pour autant pas craindre la faillite car, par exemple, les costumes de princesses et de super héros, si onéreux soient-ils, ne sont pas les déguisements qui intéressent le plus les jeunes enfants. Leur finalité étant déjà définie, l'imaginaire des petits est d'autant moins sollicité. Des chapeaux, des chaussures, des lunettes, des sacs à main issus de la vraie vie sont de formidables pépites ludiques que les jeunes enfants utilisent dans leurs jeux et avec lesquelles ils peuvent imiter réciproquement et facilement leurs actions. Et dans l'absolu, mieux vaut avoir moins d'objets différents mais des objets identiques en quantité suffisante par rapport au nombre d'enfants. Les enfants s'amuseront et échangeront d'autant mieux tout en développant des interactions très positives et non conflictuelles. Celles-ci encouragent la relation avec l'autre sur un mode plus égalitaire car elles ne s'appuient pas sur la notion de possession et de nécessaire partage, mais sur celle de faire pareil ensemble.

Les petits n'ont pas encore accès à ce que des chercheurs nomment la théorie de l'esprit. Les bébés pensent que les autres savent ce qu'ils savent, eux. Ils sont capables, avant le langage, d'avoir une attention conjointe, c'est-à-dire de regarder où l'autre regarde et de pointer leur doigt vers un objet pour le montrer à l'autre. Ils ont ainsi conscience de l'existence de l'autre et savent ce que l'autre voit. Mais ils ne peuvent pas envisager que l'autre ait des croyances ou des pensées qui soient différentes des leurs et de ce qu'ils savent de la réalité. Pourtant déjà, autour de deux ans, ils arrivent à interpréter l'action de l'autre afin de lui apporter leur aide en cas de besoin. Mais ce n'est qu'avec la communication langagière que les enfants comprennent les états mentaux d'autrui car ils sont alors en capacité de partager leurs idées, leurs pensées et leurs croyances. En effet, pour comprendre qu'une personne peut croire quelque chose de différent de ce que l'on croit soi-même, il faut se parler. Et ce n'est pas seulement en maîtrisant quelques mots de vocabulaire que cela est possible. Il faut être en capacité de mener une véritable conversation sur ce que l'on sait du monde. Il s'agit sans doute ici de la fin de la période du « bébé ». L'enfant entre alors dans une autre phase de son développement, au cours de laquelle il va petit à petit comprendre que chacun possède sa propre représentation de la réalité du monde, jusqu'à envisager que les autres peuvent aussi avoir de fausses croyances et finir par distinguer, à l'âge de raison, un mensonge d'une plaisanterie.

Léo va à l'école

Ça y est, Léo s'en va. Il quitte la crèche. Devenu grand, il part pour l'école, rejoindre la classe des petits. Car il en est ainsi de la segmentation des institutions de la petite enfance en France. D'un côté, l'accueil que l'on a du mal à reconnaître comme éducatif alors qu'au contraire, les bases importantes d'une éducation s'y jouent et que tout ce qui se passe à cette période marque pour le reste de la vie de chaque enfant. Et de l'autre, l'éducation où il est plus question d'instruction ou d'apprentissages formels que de réelle éducation. Les institutions ne se parlent pas. Elles ne dépendent pas des mêmes ministères, n'emploient pas le même type de professionnels, n'ont apparemment pas les mêmes missions, ni les mêmes contraintes, ni les mêmes règlementations, ni les mêmes valeurs pédagogiques (quoique ?). Il y a donc un fossé à franchir pour Léo. C'est un véritable changement, une nouvelle adaptation, une nécessité d'intégration, c'est le grand saut et chacun en mesure l'enjeu.

Le début de l'école, il ne faut pas le rater. Il est question d'apprendre à devenir un élève. Serait-ce que Léo ne sera plus considéré comme un petit enfant, mais comme un élève ? Comment devient-on un élève ? C'est un mystère pour ses parents comme pour les professionnels de la crèche, mais mieux vaudra qu'il l'apprenne vite car il restera élève pendant de nombreuses années. Rituel de ce passage : il doit laisser la sucette à la maison (pour le pouce, c'est plus compliqué !), sa bouche devant uniquement servir pour parler (seulement lorsque le professeur le lui demandera), il convient qu'elle soit bien dégagée de toute entrave. Et surtout sa maman a attesté auprès de la directrice de l'école que Léo était « propre », terme inadéquat pour signifier qu'il sait actionner ses sphincters à bon escient, ne porte donc plus de couche et n'aura pas d'accident de pipi (ou pire) dans la culotte car à l'école les adultes ne sont pas là pour changer des couches. La « propreté » est donc une acquisition majeure pour le passage à l'école, un processus de socialisation éminemment attendu par tous pour que Léo obtienne ce droit d'y aller. La pression à ce sujet est parfois telle sur les jeunes enfants qu'elle crée des blocages dans leur développement et des drames pour leurs parents.

Alors la crèche a-t-elle préparé Léo pour l'école, comme il est fréquent de l'entendre ? Faisons le bilan. Léo ne sait pas enfiler son manteau en l'étalant préalablement au sol. Mais n'est-ce pas tout de même un peu étonnant de devoir laisser choir son manteau par terre avant de se le mettre sur le dos ? Il n'a pas appris non plus à faire le petit train pour se déplacer en groupe en tenant les épaules du voisin et en marchant de ce fait de manière un peu étrange, soit en canard soit les fesses en arrière pour ne pas tamponner l'enfant qui est devant. Maintenant qu'il sait marcher seul, tenir les épaules du voisin de devant pour marcher au pas ne l'enchante pas vraiment. Il ne sait pas non plus attendre le moment collectif pour un passage aux toilettes groupé. Avant, les adultes le félicitaient lorsqu'il allait faire pipi tout seul, « comme un grand » disaient-ils. Alors il a un peu de mal à comprendre et à se plier au diktat du pipi collectif et à la longue attente dans les toilettes, lieu qu'il n'apprécie pas vraiment, d'autant plus qu'il ne faut pas toucher aux robinets. Léo perturbe un peu la séance de lecture en voulant absolument toucher le livre présenté par la maîtresse. De loin, il ne voit pas bien les images et à la crèche c'est lui qui s'installait dans la chauffeuse pour tourner les pages. Léo a aussi un peu de mal à rester assis sur sa chaise à sa table. Il aime se déplacer et aller à la rencontre de son environnement, comme cela était possible à la crèche. Tout est donc différent pour lui. Il lui faut attendre. Attendre le groupe, attendre l'autorisation pour faire, attendre son tour, attendre le bon moment pour parler ou pour jouer, attendre l'heure des parents. Il s'ennuie de cette si longue attente. Serait-ce ça devenir élève ? Serait-ce être capable d'attendre ?

En fait, la crèche n'a pas vraiment préparé Léo à la vie scolaire. Et de cela chacun doit se réjouir, car l'école n'est pas une finalité de vie à laquelle il faudrait sans cesse se préparer comme si ce qui attendait les enfants était toujours pire. À la fin de la maternelle, il faut les préparer au cours préparatoire, à la fin de l'école primaire au collège, puis au collège au lycée. Ne peut-on envisager que l'éducation d'un enfant serve à le préparer à la vie elle-même et non uniquement à sa scolarité et à ces étapes anxiogènes ? Alors si la crèche n'a pas préparé Léo à l'école, que lui a-t-elle apporté ? Elle lui a offert du temps, le temps de vivre sa petite enfance. Elle ne l'a pas vu comme un élève en devenir, mais comme un enfant plein de potentialités au top de son développement à chaque moment de sa petite enfance. Elle lui a permis d'être un enfant qui prend plaisir à la vie, qui grandit, qui apprend, qui intègre les règles sociales, les usages et les coutumes à son rythme, en participant pleinement à son propre développement. Ainsi, elle lui a donné de la force pour toutes ses futures écoles. Car dans cette microsociété grouillante de vie, Léo a eu maintes fois l'occasion de mener des expériences personnelles nécessaires, de vivre l'inattendu en toute sécurité. La crèche lui a offert un terrain d'aventures à sa mesure. Non, la crèche n'est pas un lieu de préparation à l'école, mais elle est un sacré tremplin pour la vie, particulièrement lorsqu'elle est organisée de manière à porter l'équipe d'accueil vers l'observation, la réflexion, la confiance envers elle-même et envers les familles.

Alors que restera-t-il de cette période dans la tête de Léo ? Rien en termes de souvenirs. L'amnésie totale de la toute petite enfance est une chose que nous ne comprenons pas bien encore, mais elle est le lot de tous. Nous n'avons pas ou très peu de souvenirs avant nos trois, quatre ans. Donc Léo ne se souviendra ni des autres enfants avec lesquels il a couru, grimpé, partagé les jeux et aussi bataillé ferme parfois pour obtenir un objet tant convoité. Il ne se souviendra pas non plus de sa princesse Léa, son premier émoi affectif, et pas plus de Valérie qui le consolait et lui permettait de se ressourcer puis de repartir à l'aventure après chaque épisode de faiblesse ou de malheur. Il ne se souviendra de rien. Ni des lieux, ni des personnes, ni des objets. Mais peut-être gardera-t-il les sons, les odeurs, les couleurs. L'ensemble de ses perceptions sensorielles, de cette niche sensorielle comme le dit Boris Cyrulnik, sera inscrit quelque part dans sa mémoire et résonnera en lui à chaque moment de sa vie. Sans doute ce temps passé à la crèche aura-t-il un impact sur sa vie future et laissera-t-il une empreinte indélébile gravée au plus profond de lui-même. Parions qu'elle sera une force pour son futur. Car si les professionnels ont bien fait leur travail, à l'école, en situation de stress, Léo saura s'appuyer sur sa propre sécurité affective, grâce à l'attachement aux adultes qu'il a connus dans sa petite enfance, pour combattre physiquement le stress en sécrétant de l'ocytocine.

Car à la crèche, il y a eu les pleurs et les rires, les rencontres et les apprivoisements, les interactions de toutes sortes, les repas avec des légumes bizarres, des salades composées d'où il fallait trier les ingrédients car les petits n'aiment pas les mélanges. Il y a eu les goûters d'anniversaire qui sentaient si bon, les jeux avec les autres et les courses effrénées autour de la structure de motricité, la joie de conduire des bolides sur les porteurs dans le jardin et de mettre les pieds dans le sable douillet chauffé par le soleil. Il y a eu le pétrissage de la pâte à sel, l'étape de la piscine et de ses éclaboussures, le goût de la peinture et des crayons, le rythme des cartons et des chansons, les siestes joyeuses, la recherche de doudou caché dans la caisse de déguisements, la douleur des conflits et la rudesse des morsures, tout comme la chaleur des câlins et le bonheur des bisous. Il y a eu tous ces moments où le sourire de Valérie, adressé à Léo comme s'il était le monde entier à lui tout seul, le réjouissait, le ravivait, le comblait de béatitude. De quoi se sentir tout-puissant et rire avec elle, de ce bonheur d'être ensemble. Il y a eu aussi ces moments de solitude, de manque de Papa, d'envie de Maman, de besoin de plus de caresses et de tendresse. Il y a eu les petites maladies, les fièvres et les fatigues, la toux, le nez et les yeux qui coulent et rougissent, les maux de dents, les fesses en sang et les efforts de chacun pour comprendre et apaiser au mieux les souffrances de Léo. Il y a eu les pleurs, Léo inconsolable, même par Valérie, son auxiliaire de puériculture préférée, même par Léa, sa princesse. Alors il n'y avait qu'à attendre la fin de l'hiver et l'arrivée du redoux, tous serrés autour de Léo. Il y a eu Léo rampant, Léo assis, Léo qui marche, Léo qui parle. Toute cette courte vie si remplie d'aventures, si pleine de lumière, de sonorités, d'odeurs de la crèche et aussi d'émotions. Il y a eu le goût de la vie. Et cela restera sans aucun doute dans le cœur de Léo, dans celui de ses parents et aussi dans le cœur de tous les professionnels qui, eux, n'oublieront pas Léo.

Et demain ?

Accueillir un bébé à la crèche est un travail d'horloger, c'est-à-dire à la fois complexe et minutieux. Chaque enfant, chaque famille, arrive avec son histoire, ses différences et ses attentes. Aucune théorie, fût-elle la dernière élaborée, ne pourra à elle seule expliquer le développement de cet enfant. Aucune pratique pédagogique, fût-elle reconnue, ne pourra à elle seule correspondre à l'éducation heureuse de cet enfant. Pourtant, nous ne pouvons nous affranchir ni des unes ni des autres. Bien au contraire, c'est en les connaissant et en les pratiquant que nous devenons des professionnels de l'éducation de la petite enfance, à la fois aguerris et aussi avec l'esprit ouvert et critique. Mais ce savoir ne vaut que s'il est partagé. Trop souvent les professionnels des crèches restent enfermés dans leurs structures, avec leurs certitudes et leurs doutes, tout autant qu'avec la peur d'être jugés. Or c'est en se rencontrant, en débattant, en partageant, en se confrontant aussi, qu'il est possible de s'informer et de se former. Les scientifiques doivent sortir de leurs laboratoires pour venir raconter aux praticiens ce qu'ils recherchent, pourquoi, comment et leur raconter ce qu'ils trouvent ! Beaucoup d'entre eux le font déjà. Les praticiens doivent sortir de leurs crèches et raconter aux scientifiques leurs pratiques pédagogiques qui occasionnent de fait des modifications d'environnement et donc de données socio-culturelles. Trop peu en ont l'occasion. C'est dommage, car l'organisation de groupes de réflexion et de recherche alliant chercheurs et praticiens, au sujet des différents aspects de l'accueil des jeunes enfants, serait un mode d'enseignement de grande valeur et en premier lieu pour les petits.

Ce partage du savoir vaut également avec les parents. Trop souvent les professionnels des crèches n'osent pas dire aux parents à quel point ils ne comprennent pas ce qui se passe pour l'enfant. Car ils peuvent avoir peur que ces parents n'aient plus confiance en eux ou doutent de leur professionnalisme. Chacun se renvoie alors la balle d'une responsabilité éventuelle. C'est logique car les professionnels se sont construits avec des cadres de mission qui ne sont plus les bons. Les missions de soin, d'aide, de conseil et de soutien aux parents, si elles ne sont pour autant entièrement mises de côté, ne correspondent plus à l'attente sociétale des parents très informés tout en étant aussi très occupés. Les professionnels adaptent donc leur mission, prenant peu à peu conscience de l'intérêt d'un travail plus orienté vers le partenariat et l'accompagnement de l'éducation d'un enfant. Quand on conseille, mieux vaut être sûr de ce que l'on dit et y croire, c'est ainsi que naissent les fiches techniques, les procédures, les recettes de puériculture, et les dogmes aussi. Quand on explique, on souhaite partager, se faire comprendre et on peut aussi commencer à douter. Quand on accompagne, on utilise ses connaissances autrement, on les laisse de côté parfois et on tente l'aventure éducative.

Bref, les temps ont changé. Le temps de la crèche devenue « l'élite » des modes d'accueil, tout en peinant toujours autant à se développer dans un contexte économique peu propice. Elle s'oriente inexorablement, et quoi qu'y fassent d'éventuels opposants, vers une mission d'accueil éducatif des jeunes enfants. Espérons alors qu'elle conservera sa capacité à accueillir les enfants de tous les milieux sociaux, afin, justement, de réduire des inégalités d'environnement familial. Le temps des bébés dont différentes disciplines scientifiques contribuent à mettre en lumière le monde jusqu'ici inconnu, fait d'affection, d'interactions, d'intelligence, de connaissances, de capacités et d'espoir. Espérons alors que ce que l'on sait aujourd'hui servira à forger une éducation plus sensible, moins humiliante, plus stimulante et plus cohérente, à leur endroit. Le temps des parents qui savent qu'ils ne peuvent pas être les seuls à éduquer leur enfant et que l'élargissement de son environnement social passe de plus en plus par des professionnels de la petite enfance. De moins en moins disponibles, ils souhaitent aussi ce qu'il peut y avoir de meilleur pour lui et pour son avenir et sont très attentifs à la qualité de l'accueil et de l'éducation qui est proposée à la crèche. Le temps, enfin, des professionnels des crèches qui, bien que souvent malmenés par les contextes de travail, les pénuries et les surmenages, ont raison de continuer de croire qu'ils sont d'une grande utilité sociale et qu'ils doivent à ce titre être mieux reconnus, mieux formés, mieux traités.

Ce qui demeure est ce nom de « crèche ». Un nom donné par un réformiste catholique social au 19e siècle[37] pour signifier à tous qu'il souhaitait, par la création de cette institution religieuse, recueillir chaque enfant pauvre comme enfant « divin », pour le sauver de la misère dans laquelle il se trouvait, et par la même occasion, pouvoir moraliser et éduquer sa famille. Une utopie, certes. Ce terme ne correspond plus aujourd'hui ni aux missions, ni à la raison d'être des crèches. Faut-il pour autant en inventer un autre ? Les administrations utilisent celui plus général mais tellement moins poétique « d'établissement d'accueil du jeune enfant », globalité dont sont exclues les maisons d'assistantes maternelles, pourtant elles aussi petites collectivités d'accueil de jeunes enfants, mais ne relevant pas de la même règlementation. Les Italiens parlent de *nido d'infanzia*, nid d'enfants, qui rejoint l'idée très éthologique de la niche sensorielle proposée par Boris Cyrulnik. Les scandinaves ont des jardins d'enfants et leur pédagogie s'appuie grandement sur la vie en extérieur, mais ils n'accueillent généralement que des enfants de plus d'un an. Les Anglais parlent de « nurseries » et là c'est l'image de la nurse

37. Firmin Marbeau a ouvert la première crèche à Paris en 1844.

anglaise Mary Poppins qui vient à l'esprit. Et les Allemands sont proches de nous avec le terme « *krippen* » qui veut dire crèche, l'origine francique du mot étant « *kripjia* », la mangeoire pour animaux, avant de devenir l'auge de l'étable dans laquelle fut placé Jésus selon la tradition chrétienne. Peut-être, en relevant le défi de l'accueil éducatif de la petite enfance, ressentirons-nous le besoin de changer le nom obsolète de cette institution pourtant pleine d'avenir ? Mais peut-être s'agit-il là encore d'une nouvelle utopie ? Les utopies servent aussi à faire bouger le monde !

Table des matières

Note aux lecteurs

Cet ouvrage reprend les histoires de la vie de Léo, issues du livre *À la crèche, il était une fois*, du même auteur, paru en 2010. Ces histoires de vie d'un bébé à la crèche sont complétées et argumentées par l'apport scientifique des neurosciences et par les approches pédagogiques qui en découlent. Le livre est destiné aux professionnels des crèches et aux parents, afin d'inciter les premiers à modifier leurs pratiques pédagogiques d'accueil au regard des nouveaux savoirs théoriques, et d'orienter les seconds vers une éducation tout autant imprégnée de ces connaissances sur le développement des petits.

Du même auteur

Pourquoi les bébés jouent ?
2011 – 128 p.

L'ABébéC de la petite enfance
2014 – 272 p.

Les incroyables aventures des bébés
2012 – 144 p.

L'accueil en crèche
Sous la direction de Boris Cyrulnik
et Laurence Rameau
2012 – 176 p.

Composition et mise en page :
Olivier Teneul

Achevé d'imprimer par
Books on Demand
12/14 rond-point des Champs-Élysées
75008 Paris

Dépôt légal : Janvier 2015